FUGIR PARA ADIANTE

Pablo Peusner

FUGIR PARA ADIANTE

*O desejo do analista
que não retrocede ante as crianças*

2ª edição
São Paulo / 2021

Aller Editora

© 2014 Pablo Peusner

Título original: *Huir para adelante: el deseo del analista que no retrocede ante los niños*
Letra Viva, Buenos Aires
www.imagoagenda.com

Editora: Fernanda Zacharewicz
Conselho editorial: Andréa Brunetto – Escola de Psicanálise dos Fóruns do Campo Lacaniano
Beatriz Santos – Université Paris Diderot – Paris 7
Lia Carneiro Silveira – Universidade Estadual do Ceará
Luis Izcovich – Escola de Psicanálise dos Fóruns do Campo Lacaniano

Revisão: Fernanda Zacharewicz e Maria Claudia Formigoni
Tradução: Fernanda Zacharewicz e Maria Claudia Formigoni
Produção: Antonieta Canelas
Foto: Víctor Toty Cáceres
Capa: Wellinton Lenzi
Diagramação: Antonieta Canelas

1ª edição: março de 2016
2ª edição: fevereiro de 2021

Dados Internacionais de Catalogação na Publicação (CIP)
Angélica Ilacqua CRB-8/7057

```
P61f  Peusner, Pablo
         Fugir para adiante : o desejo do analista que não
      retrocede ante as crianças / Pablo Peusner ; tradução de
      Fernanda Zacharewicz e Maria Claudia Formigoni. -- 2. ed.
      -- São Paulo : Aller, 2021.
         184p.

         ISBN 978-85-94347-27-5
         ISBN versão ebook: 978-85-94347-26-8
         Título original: Huir para adelante: el deseo del analista
      que no retrocede ante los niños

         1. Psicanálise 2. Psicanálise infantil I. Título II.
      Zacharewicz, Fernanda III. Formigoni, Maria Claudia

      21-0410                              CDD 150.195
                                           CDU 159.964.2
```

Índice para catálogo sistemático:
  1. Psicanálise

Publicado com a devida autorização e com todos os direitos reservados por:
ALLER EDITORA
Rua Wanderley 700
São Paulo - SP, CEP: 05011-001
Tels.: (11) 93015.0106
contato@allereditora.com.br
Facebook: Aller Editora / Instagram: allereditora

Sumário

Apresentação da 2ª edição, 7
Apresentação da 1ª edição, 9
Prólogo à edição brasileira, 13
Prólogo à edição argentina, 19

1 O INCONSCIENTE DO ANALISTA
   QUE NÃO RETROCEDE ANTE AS CRIANÇAS, 25

2 NA CLÍNICA PSICANALÍTICA COM CRIANÇAS
   TAMBÉM NÃO HÁ PROPORÇÃO SEXUAL, 45
   – A doxa do trauma e a constelação familiar, 45
   – Na clínica psicanalítica com crianças também não há proporção sexual, 48
   – O impossível de evitar, 61
   – O sofrimento das crianças é a desproporção, 66
   – O desejo do analista que não retrocede ante as crianças, 70
   – A clínica psicanalítica lacaniana com crianças, 81
   – Outra vez, a influência, 87

3 O IRREDUTÍVEL DE UMA TRANSMISSÃO, 91
   – O insuportável da linguagem como causa, 91
   – Linguagem versus Programa, 94
   – Transmitir, 98
   – Um desejo que não seja anônimo, 102
   – Outra vez, transmitir..., 108
   – A ética de um desejo que não seja anônimo: apresentações clínicas, 112

4 HOLÓFRASE, 123
   – O extravio produzido pela noção intuitiva, 124
   – Da holófrase linguística ao conceito lacaniano, 126
   – A construção da holófrase lacaniana, 129
   – Primeiras pontuações sobre o sujeito monolítico, 135
   – Dar-se ao luxo, 152

– Outro luxo é a constância, 153

Anexo: Intervenção (2011), 159

A resposta besta do psicanalista de crianças: o dispositivo de presença de pais e parentes, 161
- No princípio estava Freud, 161
- No retorno a Freud está Lacan, 164
- A besteira do dispositivo, 166

Notas, 171

Apresentação da 2ª edição

Fugir para adiante foi nosso primeiro livro e esse título não poderia ter sido mais adequado. Acreditei que era possível facilitar o acesso aos psicanalistas brasileiros a obras estrangeiras e aumentar a divulgação dos escritos dos analistas de nosso país.

Nesses quatro anos o desejo fez-se concreto. A mesma alegria do encontro com Pablo Peusner permeia o encontro com cada autor e o cuidado na edição de cada obra. O trabalho que se faz em parceria deixa marcas que modificam o panorama da psicanálise no Brasil e modifica-me enquanto editora.

Já não sou a mesma de 2016, a editora já não é a mesma. Nosso nome mudou, aumentamos nosso catálogo, contamos com uma equipe de colaboradores, distribuímos nossos livros a todo rincão de nosso imenso território.

Impossível não perceber, ao escrever essas linhas, que *Fugir para adiante* tem sido, para mim, encontrar-me.

Fernanda Zacharewicz
editora

Apresentação da 1ª edição

> Corro perigo como toda pessoa que vive. E a única coisa que me espera é exatamente o inesperado.
>
> Clarice Lispector, Água Viva.

Parecendo vinda do nada, uma pergunta:
— Vamos traduzir este livro?
Sem pensar, dobrando a aposta:
— Traduziremos e publicaremos!
Foi assim que, em terras *hermanas*, uma pergunta e uma resposta certeira nos indicaram uma nova trilha. Fomos surpreendidas. O que faríamos com isso? Com isso que sinaliza o indeterminado e aponta à criação? Decidimos apostar. Escolhemos seguir em frente. Escolhemos o inesperado e mergulhamos.

É, então, em uma escolha que se funda nosso trabalho. Na escolha sem garantia, sem cálculo... na escolha pautada pelo desejo. Trata-se de uma aposta. Apostamos juntas. Apostamos sozinhas. Contamos com outras apostas.

Pablo Peusner, trazendo *bons ares*, foi o primeiro a apostar conosco. Recebeu duas desconhecidas em seu consultório. Escutou, acolheu e triplicou a aposta. Cabia-nos, então, *Fugir para adiante*. E assim tem sido.

A tradução, edição e publicação do presente livro foram um trabalho em parceria. Conforme avançávamos, enviávamos a Pablo, que, prontamente, contribuía. Seguíamos motivadas pelo desejo, pelas interlocuções e por aquilo que líamos enquanto trabalhávamos na tradução.

Em *Fugir para adiante*, Pablo Peusner, psicanalista e autor já consagrado na área de Psicanálise e Infância, convida o leitor a se perguntar a respeito da função do inconsciente do analista que não retrocede ante as crianças. A posição enquanto analista e o desejo que move seu quefazer são aspectos trabalhados neste livro.

Como se isso já não fosse tarefa pouca, Peusner ainda assinala que na clínica psicanalítica com crianças também não há proporção sexual. Faz, a partir disso, uma afirmação fundamental: a própria criança pode encarnar o resto dessa ausência de relação. O autor demonstra que daí decorre a direção do tratamento, bem como, o que ele destaca, a necessidade de pensar qual seria o melhor lugar para o analista ocupar no processo analítico de uma criança.

Para Pablo Peusner, o pensamento ocidental não dá conta do assunto deste livro. Ele trabalha, então, com o pensamento chinês. Chama para a conversa François Jullien, sinólogo francês, que articula alguns conceitos do pensamento oriental com a psicanálise. Pablo, partindo disso, escreve sobre a importância de deixar acontecer, assinalando que o analista deve ser paciente.

O analista deve ser paciente, mas não desavisado. Apesar de vivermos em tempos nos quais discursos científicos fervilham e a causa de muitos fenômenos é atribuída à genética e à neurologia, o autor nos lembra de que ainda há aqueles que sustentam a linguagem como causa. Para desenvolver essa questão, esmiúça de modo bastante interessante duas observações feitas por Jacques Lacan em "Nota sobre a criança" (1969): "irredutível de uma transmissão" e "um desejo que não seja anônimo".

Apresentação

Com base nisso e na concepção da linguagem como causa, Peusner trabalha também a ideia de holófrase. O autor passeia pela linguística e pela própria obra de Lacan para nos mostrar que existe uma noção de holófrase que pode ser chamada de lacaniana. Feito isso, passa a pensar a clínica com crianças sujeitas à holófrase, bem como os efeitos que tais sujeitos podem produzir na relação com o Outro.

Pablo Peusner foi bastante generoso com o leitor ao trabalhar incontáveis casos clínicos, expondo sua própria prática analítica. Ao ler esses casos, compartilhamos com o analista suas dúvidas na direção do tratamento, o processo de construção de suas estratégias, suas intervenções criativas e sua paciência com os pacientes, com os pais e/ou parentes e consigo mesmo. O autor também nos revela "a outra cara do infantil", aquela que assusta e que, por isso, faz com que alguns analistas retrocedam ante as crianças.

Por fim, o livro mostra que a clínica analítica, seja com crianças ou adultos, constrói-se com uma escuta precisa, atenta e sempre como aposta. Na clínica pautada pela psicanálise também está presente a invenção, o que o autor evidencia ao apresentar, em texto anexo, sua ideia de dispositivo de presença de pais e parentes dos analisantes crianças.

Este livro é um importante testemunho de Pablo Peusner. Leitura enriquecedora à formação do analista. Esperamos que os leitores, analistas iniciantes ou mais experientes, possam, assim como nós, fazer bom proveito dessa delicada transmissão e não retroceder.

É isso... *Fugir para adiante*.

E assim seguimos. Quando nos escutávamos falar da aposta que deu origem à nossa parceria, de nosso desejo compartilhado e de nossos planos, percebemos que falávamos "agente". Foi assim, então, que nasceu o nome de nossa editora: Agente. Agente do discurso, lugar de a. Mas também "a gente", "nós" em sua forma popular, marca de nossa parceria de trabalho.

Agente... mas não sem alguns outros.

Obrigada a todos esses outros que apostam n'Agente.

Fernanda Zacharewicz
Maria Claudia Formigoni

Prólogo à edição brasileira

> Os livros são objetos transcendentes
> Mas podemos amá-los do amor táctil
> Que votamos aos maços de cigarro
> Domá-los, cultivá-los em aquários,
> Em estantes, gaiolas, em fogueiras
> Ou lançá-los para fora das janelas
> (Talvez isso nos livre de lançarmo-nos)
> Ou – o que é muito pior – por odiarmo-los
> Podemos simplesmente escrever um...
>
> Caetano Veloso, Livros.

Quase um ano depois de sua aparição em espanhol, minha língua materna, me vejo voltando a escrever um prólogo para este livro. A obra agora é publicada em português, graças ao desejo e ao meticuloso trabalho de tradução e edição de minhas queridas colegas do Brasil, Maria Claudia Formigoni e Fernanda Zacharewicz, membros do Fórum do Campo Lacaniano de São Paulo.

O que poderia dizer em uma ocasião assim o autor do livro? É complicado...

Em primeiro lugar, porque reler a obra em outra língua produz um efeito de estranheza que redobra aquele produzido pela distância de sua publicação original: o do esquecimento quase imediato daquilo escrito. Esse esquecimento é tão forte que, quando voltamos a ler o que escrevemos (e isso mais além do idioma em questão), sentimos uma espécie de desconhecimento que, frequentemente, conduz a nos perguntar assombrados: "Eu escrevi isso?". Como certa vez disse à minha querida amiga Sandra Berta quando editava seu livro (enquanto ela corrigia e corrigia, em um afã que parecia não ter fim): o mais difícil para um autor é dar a obra por concluída, entregá-la à editora, deixá-la ir. Mas, quando, finalmente, a deixamos ir, produz-se esse efeito de esquecimento radical, com o qual contrasta o fato de relê-la e recordar certas coisas, que retornam como um eco longínquo e produzem agora uma espécie de *dejà-vu*... Efetivamente, "isso me é familiar, mas... fui eu que escrevi?". Bom, parece que sim.

Poderia, ainda, contar-lhes algo do *backstage* deste livro, começando pelo título. Aqueles que me conhecem já me escutaram, mais de uma vez, enunciar este significante, "Fugir para adiante". Disse-o uma vez em minha análise e foi uma marca. Não há nada heroico aí, muito pelo contrário. É um modo de fugir, de escapar, de sair correndo... ainda que na direção contrária à esperada. Fugir em direção ao que espanta é estranho, mas retoma a ideia freudiana de que o inconsciente não conhece a contradição. Não sei muito bem por que penso que esse significante expressa com tanta precisão o que se espera do desejo do analista que não retrocede ante as crianças. Talvez porque foi meu modo pessoal de assumir a tarefa cotidiana no consultório e nos demais âmbitos em que me encontrei com a clínica e com as crianças. Talvez, por isso, haja poucos analistas que recebem crianças, porque avançam frontalmente (*entram de sola*, como se diz no futebol) ou porque fogem para trás, mas não tenho certeza... são só hipóteses.

A clínica psicanalítica com crianças situa-nos frente a um sujeito que desmente a cara angelical do infantil. Quando digo "infantil", não me refiro somente às crianças, mas a esse modo do desejo que circula pelos assuntos

Prólogo à edição brasileira

relativos à infância nas crianças e no Outro, seus pais e parentes, seus professores e todos os representantes do mundo adulto entre os quais desenvolve sua vida. Algo disso está presente nos recortes clínicos deste livro. "Você gosta de crianças? E dessa *outra* cara das crianças, a qual, em diversas ocasiões, nos faz retroceder?".

Eu, que costumo dar muita risada com filmes de terror, senti muito medo assistindo aos filmes "O labirinto do Fauno" (de Amenábar) e "Onde vivem os monstros" (de Spike Jonze). Creio que tentei processar algo dessa sensação com este livro.

Demorei três anos para escrevê-lo. E não foram anos fáceis. No caminho, perdi um casamento e também minha mãe. Por sorte, a todo o momento, me senti muito acompanhado. E, como sou argentino, confesso – estimado leitor – que poderia ter escrito um tango, mas fiz um livro. No caminho, houve dois fatores importantíssimos: o primeiro foi o encontro, por acaso, com a obra de François Jullien e aquilo que me ensinou sobre a filosofia chinesa. O segundo foi o Fórum Analítico do Rio da Prata, uma comunidade de trabalho inspiradora, a qual, hoje, tenho a enorme responsabilidade (e a honra) de coordenar, ao ter sido escolhido por meus companheiros para essa tarefa.

Esse fundo (o Fórum) e esse encontro (com Jullien) instigaram minhas perguntas sobre a tarefa do analista e me levaram a uma reflexão diferente. Impôs-se a mim a ideia de que se havia um obstáculo a meu quefazer de analista, esse obstáculo era eu. Então, organizei a lógica do texto partindo da pergunta sobre como fazer para não obstaculizar aquilo que ocorresse nos encontros clínicos e sobre como *extrair o sumo* do meu inconsciente, se me permitem a

expressão. As noções filosóficas chinesas de disponibilidade, influência, potencial de situação e transformação silenciosa são valiosíssimas. Já comecei a utilizá-las diariamente e posso lhes assegurar que funcionam...
Lacan, em 1950, afirmou que a

> realidade da miséria fisiológica, própria dos primeiros meses da vida do homem (...) exprime a dependência do homem, genérica de fato em relação ao meio humano. Que essa dependência possa surgir como significante no indivíduo, num estádio incrivelmente precoce de seu desenvolvimento [ou seja, na criança], não é um fato diante do qual o psicanalista deva recuar.[1]

Todos nós conhecemos a célebre premissa de "não retroceder ante a psicose", mas a de não retroceder ante as crianças é anterior e menos aceita. Pessoalmente, a adotei como bandeira e a converti em um exercício permanente de trabalho, de reflexão e – até onde pude e me deixaram – de transmissão.

É meu desejo que este livro redobre a aposta lacaniana, que os entusiasme e os convide a participar dela.

Lacan exigia flexibilidade técnica para os analistas que não retrocedem ante as crianças e situava a clínica psicanalítica com crianças na fronteira móvel da conquista psicanalítica. Essa flexibilidade é um bem escasso no lacanismo, mas é a condição das invenções técnicas e instrumentais que nutrem nossa clínica. Por assinalar a produção de uma transformação da relação do sujeito com esses modos de satisfação paradoxal que nós analistas chamamos "gozo", não surpreende que seja uma das condições da sabedoria na filosofia chinesa.

Prólogo à edição brasileira

Meu trabalho chegou ao Brasil via Fórum do Campo Lacaniano de São Paulo. Gostaria, por isso, de agradecer e de celebrar o permanente intercâmbio mantido já há alguns anos com Ana Laura Prates Pacheco, Sandra Berta, Bia Oliveira e Glaucia Nagem, minhas parceiras, interlocutoras incansáveis e trabalhadoras habitadas por um desejo decidido no que se refere à causa analítica.

É um prazer abrir a série Discursos Psicanalíticos da editora Agente, inaugurá-la, desejando que cresça e faça crescer a todos aqueles que, como nós, amamos os livros e a psicanálise.

Também quero agradecer a vocês, queridos leitores, por deter um pouco suas atividades para ler meu livro, o que é um modo muito especial de estar perto...

Em Buenos Aires, dia 28 de novembro de 2015.
Alguma coisa acontece no meu coração...

Prólogo à edição argentina

*O que é valente e ousado, perderá.
O valente sem ousadia, ganhará.*

Lao Tsé. *Tao Te Ching* (LXXIII)

Ao longo dos últimos três anos, em cada uma das instâncias das quais participei como analista, minhas perguntas foram mudando de formato. Já não me questionava, por exemplo, sobre o que é o sintoma da criança, mas sim sobre como me situar perante *isso*. Como sustentar uma posição analítica ante o que tenho em frente? Minha histórica preocupação em construir um dispositivo para situar os pais e parentes de meus analisantes-crianças fez um giro em direção à pergunta de como fazer para não obstaculizar, na relação com eles, o processo analítico da criança. Em suma, todo meu trabalho aos poucos se converteu em uma revisão e reflexão acerca de minha posição como analista e do desejo que anima minha tarefa.

Como pensar a função de *meu* inconsciente no encontro com uma criança? Serve ou não? Como? E de que maneira? Como me situar *em harmonia* com essa comunicação entre inconscientes que propunha Freud? Ou como me valer do inconsciente (de *meu* inconsciente) para fazer a interpretação, conforme propunha Lacan? Função da palavra, campo da linguagem, *lalíngua*... como favorecê-los no encontro clínico com uma criança?

Também foi necessário sustentar um ponto de indiferenciação entre a criança e o adulto: ambos estão sujeitos à ausência de proporção sexual. Aqui se abriu um panorama enorme, dado que é a própria criança (às vezes inclusive com seu corpo) quem encarna o resto desse cálculo de proporção impossível. Perguntei-me, então, qual seria a melhor posição para um analista que deve acompanhar um percurso sob o signo de algo tão real, tão inevitável. Como fazer para *não atuar, mas sim transformar*. Uma ideia que exigiu algumas novas articulações teóricas, as quais apresentarei neste livro e que espero colaborem com a reflexão sobre essa tarefa (no fim das contas, o próprio Lacan se dirigiu aos saberes orientais em mais de uma ocasião).

Nesses tempos em que a genética e as neurociências pretendem dominar o mundo, nós, os analistas, somos os únicos que sustentamos a tese do irredutível da transmissão familiar por vias não biológicas. Não somos tão tontos a ponto de ignorar o DNA, mas conhecemos bem os efeitos que produz aquilo que se transmite por outras vias, a ponto de não podermos ignorá-lo. Obriguei-me a encontrar uma racionalidade que complete a articulação dessa irredutível transmissão e a lógica do desejo que a anima, o qual pode ou não resultar anônimo. Como ler um desejo no ponto de constituição do sujeito que nos permita estabelecer sua condição? (A do desejo: anônimo ou não).

Finalmente, algo que venho me exigindo faz tempo: conseguir uma noção de *holófrase* que resulte clinicamente viável. Um texto de Alexandre Stevens, escrito e publicado nos anos 80, foi uma ferramenta valiosíssima para reler o percurso lacaniano do termo e, finalmente, descobrir que contamos com uma noção de holófrase que é propriamente lacaniana, a qual nada tem a ver com o valor do termo

Prólogo à edição argentina

nas ciências da linguagem. Esse foi o trampolim para, em seguida, interrogar seus modos de apresentação e refletir sobre a lógica da intervenção clínica em crianças sujeitas à holófrase, bem como sobre os efeitos que a apresentação do sujeito monolítico produz no que concerne ao laço social (principalmente na instituição escolar).

A segunda parte deste livro inclui uma intervenção realizada em 2011, em Buenos Aires, na VII Jornada dos Fóruns do Campo Lacaniano da América Latina Sul.

* * *

Diferente de meus livros anteriores, este foi mais difícil de escrever. A cada passo, a vida fez das suas para obstaculizar o processo. Perdi muito no caminho... somente agora que coloquei o ponto final e decidi deixá-lo ir, descobri que somos feitos daquilo que perdemos. E, mais do que nunca, nesse tempo, coloquei em prática o *fugir para adiante*, já que se trata de uma pequena fórmula que, surgida em minha análise, funciona como nome de um desejo. Agradeço a todos que, de um modo ou de outro, colaboraram no percurso, seja com uma pergunta, com uma ideia, com um abraço ou com uma palavra de alento.

Leandro Salgado, Gabriel Lombardi e Luciano Lutereau merecem reconhecimento especial, devido a sua confiança plena e total em meu trabalho.

Sem a valiosa interlocução com meus companheiros do Fórum Analítico do Rio da Prata e dos participantes dos programas de Formação do Colégio Clínico do Rio da Prata, meu trabalho não teria o mesmo alcance. A meus colegas e amigos do DEPARTAMENTO Ñ, com quem trabalho faz tempo para aprofundar a pesquisa na clínica psicanalítica com crianças, devo muito do que há aqui.

Devo gratidão eterna ao grande Víctor "Toty" Cáceres, artista das letras e da imagem, que reside na cidade de Córdoba, pela arte da capa, pela fotografia que o ilustra e com a qual soube capturar magistralmente algo do infantil, e também por minha fotografia na orelha do livro. Muito da *forma* deste livro pertence a ele[1].

Por último, outra vez, obrigada aos meus, aqueles de que tentei não descuidar tanto para escrever este livro: Tomás, que já deixou a infância, e Julieta, minha pequena que cresce extremamente rápido.

Dedico esse livro à memória de minha mãe, Mercedes, que já não está comigo fisicamente, mas de algum modo me acompanha. Com Cacho, meu pai, sabemos bem que, desde aquele triste oito de fevereiro de 2013, os melhores bifes à milanesa se comem no céu...

Buenos Aires, 7 de maio de 2015.

(LXXVI)
Quando as pessoas nascem são moles e flexíveis,
quando morrem são duras e rígidas.
Quando as ervas e as árvores nascem são moles e delicadas,
quando morrem estão secas e murchas.
Isso quer dizer que o que é duro e rígido
é discípulo da morte,
e o que é mole e flexível é discípulo da vida.

(LXXVIII)
No mundo, não há nada mais mole e flexível do que a água,
mas também não há nada mais capaz de vencer o que é duro
e rígido, não há nada que possa alterá-la.
O que é flexível vence o que é rígido,
o que é mole vence o que é duro.
No mundo, não há ninguém que ignore isso,
mas ninguém o põe em prática.

Lao Tsé, *Tao Te Ching*

1

O inconsciente do analista que não retrocede ante as crianças

Mas o psicanalista tem detrás de si seu próprio inconsciente, do qual se vale para dar uma interpretação.
Jacques Lacan, O sonho de Aristóteles, 1978.

É HABITUAL QUE ALGUM JOVEM ANALISTA CONFESSE em supervisão estar perdido após vários encontros com uma criança, nos quais somente pôde sustentar certa atividade lúdica. *Estar perdido* ou *não saber muito bem o que se está fazendo* são expressões que dão conta da ausência do eu, justamente porque o eu é a instância que permite não nos perdermos, orientar-nos ou, inclusive, saber para onde vamos. Se utilizamos o jogo ou o desenho como substitutos da associação livre, se realmente estamos convencidos de que ambas atividades estão estruturadas como uma linguagem, nossa atitude como analistas pode se esclarecer seguindo os conselhos[1] que Freud nos legou. Retornemos uma vez mais à sua obra para realizar uma leitura que ilumine nossa posição, a dos analistas que não retrocedemos ante as crianças. Nada de recursos auxiliares, nada de anotações durante as sessões. Não prestar particular atenção a nada em especial, a não ser uma atenção uniformemente flutuante àquilo que vá surgindo.

Freud fundamenta esse modo tão particular de fazer desaparecer o eu. Trata-se de impedir o funcionamento das próprias expectativas ou inclinações porque, "se seguir suas expectativas, estará arriscando a nunca descobrir nada além do que já sabe; e, se seguir as inclinações, certamente falsificará o que se possa perceber"[2]. Lacan o dizia de modo mais econômico: "não me procurarias se já não me tivesses achado"[3].

Ora, considerando nosso quefazer lúdico e gráfico com as crianças, impõe-se uma pergunta: qual poderia ser a atitude correspondente a essa atenção uniformemente flutuante na hora de brincar ou desenhar com um analisante-criança? Se, durante essas atividades, o analista se concentra em produzir certas relações analógicas entre os elementos em jogo e a situação de seu analisante, está desrespeitando a regra. Se a Barbie *representa* a mãe, se o Ken *representa* o pai, se a casa desenhada *figura* o próprio lar, se a menina do relato é a analisante em questão... o analista estaria operando uma conexão entre tópicos que considera importantes – o que poderia ser atribuído somente às expectativas que seu eu impõe à situação clínica. O ideal seria um analista sem eu. Lacan o afirma precocemente: "Se se formam analistas é para que haja sujeitos tais que neles o eu esteja ausente. É o ideal da análise que, é claro, permanece virtual. Não existe nunca sujeito sem um eu, sujeito plenamente realizado (...)"[4].

A resposta de Freud a esse problema apoia-se em uma concepção temporal própria à psicanálise: "Não se deve esquecer que o que se escuta, na maioria, são coisas cujo significado só é identificado posteriormente"[5]. A ideia é clara: o tempo do que ocorre na sessão e o tempo do discernimento não coincidem. Exigem um intervalo, o qual é situado por Freud no texto com um termo que se prefere manter no alemão original: *nachträglich*[6]. Essa palavra supõe um efeito delongado no tempo – que se pode produzir tanto para adiante quanto para trás. Nesse caso pontual, Freud afirma que o discernimento do que ocorre na sessão se produz *a posteriori*, ou seja, retroativamente. O eu do analista, então, aparecerá na cena *depois*, e não durante a sessão. Mas... e durante a sessão?

Aqui aparece outra regra freudiana, representada com uma simplicidade que assombra, mas, ao mesmo tempo, nos introduz outro problema. Cito o parágrafo fora do corpo do texto, devido ao particular uso que Freud faz das aspas:

> A regra (...) pode ser assim expressa: 'Ele deve conter todas as influências conscientes da sua capacidade de prestar atenção e abandonar-se inteiramente à 'memória inconsciente'. Ou, para dizê-lo puramente em termos técnicos: 'Ele deve simplesmente escutar e não se preocupar se está se lembrando de alguma coisa.'.[7]

Fica situada assim a posição do analista ante a aparição de qualquer fenômeno durante a sessão: abandonado às suas memórias inconscientes[8] – ou seja, nada do eu. Não há nada que compreender durante o encontro clínico. Não é necessário também que opere conhecimento algum.

Comecemos pelo início: contrariamente ao que alguns comentaristas destacaram na obra do próprio Freud[9], as crianças são mais adeptas à associação livre do que qualquer paciente adulto. Sabemos o que na maioria das vezes ocorre se os confrontamos de forma direta com seu sintoma: fecham-se e escapam, com a consequente perda de confiança em seu interlocutor, de quem poderiam supor que não compreende as *regras do jogo*. Enquanto os pacientes adultos apresentam com frequência sérias dificuldades para deixar de falar daquilo que os leva à análise e se fazem de fortes para reivindicar uma indicação acerca de como solucioná-lo, exigindo algum esclarecimento sobre a causa de seu padecimento, as crianças chegam livres de tal posição e, com grande facilidade, se dispõem a dar corda à proliferação de suas brincadeiras, mitos e diversos relatos.

Suponhamos um paciente adulto que busca o atendimento por um motivo pontual: certas dificuldades para solucionar um estado afetivo produzido pelo término recente de um relacionamento. Essa pessoa suportaria de bom grado uma pergunta totalmente desconexa daquilo de que se queixa? Além disso, no momento de narrar seu próprio padecimento, incluiria por *conta própria* referências a outras áreas de sua vida, não afetadas por sua particular situação? Sabemos que é difícil, apesar de não ser impossível – de fato, há muitos desses casos que conduzem à instalação de uma posição analisante. Entretanto, todos nós, analistas, passamos alguma vez pela complicada situação de tentar sustentar essa abertura à rede significante apesar de nosso interlocutor, cujo eu lhe impedia renegar as regras do relato – ordenado e coerente – a favor da produção de um simples texto.

Freud compreendeu que era essa própria escolha que tornava sem valor o depoimento do doente. Se quisermos reconhecer uma realidade característica das reações psíquicas, não convém começarmos por escolher entre elas: é preciso começar por não escolher. Para aquilatar sua eficiência, há que respeitar sua sucessão. Decerto não se trata de restituir-lhes a cadeia através do relato, mas o momento mesmo do depoimento pode constituir um fragmento significativo delas, desde que se exija a íntegra de seu texto e que se o liberte dos grilhões do relato.[10]

As crianças podem situar-se perfeitamente nessa posição quase ideal ante a linguagem, que Freud propunha como atitude para iniciar a experiência analítica. Fingindo ignorar que, às vezes, portam um sintoma inscrito no corpo, podem nos contar suas vivências do dia, fazer referência a suas fantasias mais bizarras, ilustrando tudo isso com desenhos dos personagens imaginários que povoam seus devaneios; contando também o filme visto no fim de semana e alguma anedota de seus parentes mais próximos. Puro texto: sem ordem cronológica, sem respeitar a sequência abertura-desenvolvimento-fechamento, sem preocupação com os dados da realidade e bem longe da reivindicação do valor de verdade para seus dizeres.

Esse tipo vínculo de trabalho é refratário à *inteligência* do suposto psicanalista. Explico-me: enquanto alguns de nossos colegas embarcam, com certa frequência, em calorosas polêmicas lógicas com seus pacientes adultos — tentando demonstrar que são mais inteligentes do que aqueles, mediante o recurso de assinalar suas contradições e colocando-os em apertos, caçoando as inconsistências de seus dizeres –, nada disso seria viável durante o encontro com uma criança. Inclusive, se possível fosse, não consistiria em nada além de um recurso educativo: porque ensinar lógica proposicional a uma criança deixaria o analista muito próximo de um professor (ou mestre), de onde poderia verificar-se uma recusa ao real. Se o eu coincide com um sistema de afirmações e negações estruturado conforme os três princípios de Aristóteles, insistir com um paciente para que sua posição se torne consistente com essa lógica não faria mais do que reforçá-lo.

Quase nunca falo de forma direta com uma criança sobre seu sintoma. O modo pelo qual escolho iniciar nosso vínculo de trabalho aponta para outra coisa. Poderia representá-lo da seguinte maneira: quando me encontro pela primeira vez com uma criança, tento instalar um diálogo sobre qualquer assunto que não seu sintoma. Dedico um bom tempo a viabilizar o deslocamento do Outro desse sintoma. Se foi um sintoma o que conduziu essa criança à análise, quem o sancionou como tal foram seus pais e/ou parentes, seu médico ou educadores. É possível, inclusive, que isso que seus outros leem como sintoma não tenha o mesmo valor para ela.

Em uma conferência de 1983, intitulada *A psicanálise frente à demanda escolar*, Colette Soler desenvolveu uma noção de sintoma específica para os atendimentos de criança. Falou de uma "definição externa" desse – definição que também qualificou de "psiquiátrica" –, já que carece de uma condição propriamente analítica: a de supor que esse sintoma se apresenta como algo incompleto. Cito o argumento:

... é preciso que se acrescente ao sintoma a ideia de que há uma causa para isso (...). As condições mínimas para que se possa dizer que há uma demanda de análise são que o sintoma se apresente como algo incompleto. Ou seja, que peça um complemento.[11]

É justamente esse caráter de incompletude que possibilita a intervenção do analista, posto que quem se dirige a ele "supõe que o analista tem o complemento de seu sintoma (...) sob a forma do saber"[12]. Mas a clínica com crianças nos situa ante um sintoma diferente: definido, localizado e sancionado de fora por algum outro, não revestido para seu portador desse caráter de incompletude que prefigura um lugar para o analista. É justamente por isso que não convém interrogá-lo diretamente, para não ficar situado, demasiadamente rápido, na série dos personagens que o sancionaram. "Demasiadamente rápido" quer dizer antes de estabelecer com clareza um lugar operativo na transferência.

Além disso, não é conveniente atacar o sintoma antes de estabelecer qual a sua função. A hipótese da psicanálise afirma que o sintoma não é a doença. Inclusive, considerando-o a partir de um ponto de vista eminentemente freudiano, o sintoma é uma mensagem que pode resultar enigmática a seu portador. No caso da criança, Lacan o apresentou explicitamente escrevendo que responde [répondre à] ao sintomático da estrutura familiar, e deve-se considerar que, ao qualificá-lo de "resposta", o termo vale também como "defesa"[13]. Daí o caráter, digamos, procedente do sintoma: sempre se instala como uma resposta a outra coisa, nunca é *causa sui*.

O caso mais evidente a respeito é o do sintoma localizado em uma sessão organizada pelo discurso universitário. Em tais casos, desempenha uma função específica: é o último bastião onde alojar o sujeito, permitindo certa "recuperação subjetiva"[14]. Atacá-lo de modo direto, situa o analista na série dos avaliadores e devolve a criança em questão ao lugar de objeto da avaliação — situação da qual sempre se sai reprovado. É claro que em tais casos é muito importante o estabelecimento do dispositivo de presença de pais e parentes, já que, sem isso, a impaciência irromperá no consultório, o trabalho sobre a função do sintoma será lido pelos outros da criança como um fracasso terapêutico e, provavelmente, fiquemos sem paciente. Eis aqui um fenômeno frequente do qual, historicamente, os psicanalistas se queixam, mesmo ignorando sua participação no assunto: sem *influxo analítico* sobre os pais e parentes, sem um dispositivo que instale sua presença na análise das crianças, é praticamente impossível sustentar o trabalho sem remissão do sintoma — bem como sustentá-lo quando o sintoma tenha desaparecido.

A "definição externa" do sintoma descrita por Colette Soler tem sua contraparte na redefinição que esse experimenta ao se incorporar na relação transferencial. Assim o afirmava Freud precocemente, quando propunha que "a transferência cria uma região intermediária entre a doença e a vida real"[15]. No caso de nossos analisantes-crianças, esse reino só se produz se o analista se comporta como um bom entendedor[16] e contribui com sua construção mediante um trabalho que aposte na associação livre e, em último caso, no inconsciente – do que ele, inevitavelmente, também participa. Eis aqui o complemento que o sintoma requer para ser analítico. Qualquer recurso ao eu da criança introduzirá, de forma direta, o fator evolutivo em termos de desenvolvimento cognitivo e transformará o encontro em uma psicoterapia. Já dizia Lacan que "terapeutizar o psiquíco não vale a pena"[17], e qualquer apelo ao compromisso, à responsabilidade, à vontade ou ao esforço desse eu em formação, não contribuirá mais do que a perder o tempo e o sentido de nossa tarefa.

Fizemos esse percurso para afirmar a necessidade de que, na medida do possível, o analista desaloje o eu para instalar sua função, bem como a situação analítica. O desejo do analista que não retrocede ante as crianças coloca-se em jogo através de uma aposta no inconsciente – o que também pode se apresentar como renúncia ao eu. Ora, não falamos do eu de uma pessoa em particular (analista, analisante, pais e/ou parentes), senão do valor que o eu tem como um modo preciso de tratamento da estrutura da linguagem e que, desde o primeiro de seus seminários, Lacan reduziu a uma função de desconhecimento. Não encontramos aqui nenhuma reminiscência do homúnculo, nem de uma instância dentro de pessoa alguma. O eu é um modo de falar que afirma os três princípios lógicos de Aristóteles, o que equivale a dizer que desconhece a lógica do inconsciente (justamente por se fundar em sua negação). O eu, porém, reforça o esquecimento do *que se diga por trás do que se diz* no que se *escutaentende*. Esse desconhecimento introduz a repressão. E, finalmente, opera sobre um fenômeno universal da linguagem – fenômeno prévio à invenção do inconsciente, mas que funciona como sua condição necessária, desconhecendo que, quando alguém fala, sempre diz algo mais, algo menos ou algo diferente do que queria dizer. A posição espontânea das crianças ante a linguagem favorece o deslocamento daquilo do inconsciente; intervir forçando uma resposta egóica contribui apenas com sua educação. Nesse ponto, o analista comporta-se antipedagogicamente, devido mais à sua posição ética do que a uma recomendação técnica. O eu também apresenta uma face real, posto que encontramos seus enunciados sempre no mesmo lugar: aquele a partir do qual desconhecem a divisão do sujeito, suturando-a a favor do sentido comum e da crença na identidade.

Na hora de não retroceder ante as crianças, o analista encontra no inconsciente seu aliado mais valioso. E as crianças também o encontram, mas em seu analista...

* * *

Quando recebi pela primeira vez os pais de Tony, apresentaram-me uma situação extremamente delicada. O menino tinha seis anos, estava começando o primeiro ano do Ensino Fundamental e pesava apenas dezoito quilos. O motivo da busca pelo atendimento era bem específico: comia muito pouco e apresentava um quadro de retenção das fezes que, segundo disseram, estava relacionado à conduta alimentar – a lógica era assim: "Come pouco. Por isso, não vai ao banheiro". Sua mãe me contou que as dificuldades na alimentação nasceram com o menino: aparentemente, algo falhou em seu encontro inicial com Tony e a lactação não funcionou bem. Essa dificuldade ficou enquadrada nas históricas dificuldades da mãe de Tony na relação com sua própria mãe, quem, diagnosticada como esquizofrênica-paranoide, não a acompanhou no momento do nascimento do menino, nem transmitiu nenhuma indicação que orientasse seus primeiros cuidados.

Além de padecer de um quadro de icterícia, durante seu primeiro mês de vida, o menino ganhou pouco peso. Depois desse período, indicaram-lhe a mamadeira, com complemento alimentar. Aos três meses, momento em que sua mãe começou a ausentar-se para retomar os estudos, o menino recusou o peito completamente e teve que ser alimentado somente com a mamadeira. A partir dos seis meses, recusou os sólidos. Comia, por isso, tudo batido no liquidificador.

Na época do atendimento, aceitava somente alimentos muito específicos e em pouca quantidade. À mesa familiar, na hora das refeições, repetia-se uma cena em que, depois de algumas colheradas, Tony se afastava do prato, manifestando estar com coceira, cansado ou com frio. Tanto seu pai quanto sua mãe declararam não saber o que fazer com a situação.

O discurso parental divergiu a respeito de uma intervenção cirúrgica à qual o menino havia sido submetido. Enquanto a mãe afirmou que Tony nasceu sem certos órgãos muito específicos do corpo, o pai asseverou que o menino os tinha, mas que não funcionavam. A intervenção cirúrgica havia resolvido o problema. Ambos coincidiram ao dizer que o menino, em sua primeira infância, foi submetido a investigações e práticas extremamente agressivas. O corpo do pequeno se tornou, assim, cenário de dois tipos de inconvenientes: por um lado, o mau encontro com sua mãe, situado na dimensão alimentar. Por outro, um déficit orgânico por falha ou falta – o discurso parental dividia-se a esse respeito. Tony esteve internado duas vezes por causa de suas dificuldades com a defecação. Em ambas as ocasiões, os médicos enfatizaram o baixo peso do menino.

O pedido a mim apresentado estava claro: o processo seria terapêutico na medida em que Tony começasse a comer, aumentasse de peso e normalizasse a defecação – pedido que, ao mesmo tempo, não deixava de fazer notar que, nas dificuldades de Tony, estava em jogo sua vida.

Quando recebi Tony, encontrei-me com um menino muito magro e cheio de olheiras, de contextura física muito pequena. Todos os objetos do consultório chamavam sua atenção e manifestava surpresa ante cada coisa que via. Sua linguagem era rica e utilizava termos pouco frequentes no discurso das crianças de sua idade. Somente se complicava quando tentava narrar alguma sequência: notavam-se dificuldades na construção e na organização do relato. Sua deriva pelos objetos do consultório se deteve quando encontrou os carrinhos. Logo após manifestar sua inquietude ante o achado, passou a estudá-los um por um, até que encontrou um em particular. Nesse momento, aproximou-se para mostrá-lo a mim e, em voz muito baixa, disse:

– Eu tenho igual. Não fala nada. É um segredo.

Fiz o gesto de fechar os lábios, fizemos *toca aqui* e começamos a apostar corridas, as quais ele sempre ganhava. E assim foi durante quatro ou cinco encontros.

Ao longo das reproduções de um mesmo jogo, o analista não deve duvidar de que, cedo ou tarde, essas o conduzirão a algum lugar – ou, o que dá no mesmo, de que o jogo tem um sentido. O desespero em produzir alguma leitura, a pressa em compreender de que se trata, o furor por interpretá-lo, não são outra coisa senão os modos pelos quais o desejo do analista que não retrocede ante as crianças pode vacilar em favor de um eu que pretende saber de antemão o que ocorrerá, que procura compreender e estar orientado. Em tais situações, mais do que nunca, o *analista deve ser paciente*... Não há diferença estrutural entre essas interações e as reiterações que se apresentam no discurso de um paciente adulto. Qual objetivo teria forçar esse texto para que conclua de uma vez e diga alguma coisa em particular? Como saber o que teria que dizer? Esse texto, esse jogo, não é mais que um meio que exige certa temporalidade para poder se realizar[18].

Por isso, Tony e eu apostamos muitas corridas de carrinhos durante o primeiro mês e meio de nossos encontros. Seu entusiasmo em jogar e ganhar não diminuía. E, a cada vez que surgia o carro que temos em comum, ressurgia nosso segredo através de algum gesto ou palavra. Enquanto isso, durante esse período, atendia regularmente a seus pais, escutava seu desespero e sua impotência, e recebia suas queixas pelos inexistentes avanços do tratamento. Reconheceram apenas uma pequena mudança: Tony, esse menino magrinho, seco e sem energia, contava os dias "como um preso" – conforme expressão de seu pai – para me ver. Era a única atividade que, nesse momento difícil sua vida, realmente o entusiasmava.

Até que um dia, depois de ganhar de mim nas corridas pela centésima vez, exclamou:

— Uau! Que *chocolate* te dei![19] Não é, amigo?
— Uh, que gostoso... Adoro *chocolate*! — respondi.
Tony riu de meu comentário inesperado. Mas, imediatamente, acrescentou:
— Eu como pouquinho...
— Por quê? — perguntei.
— Shhh... É outro segredo.

Desse modo, pela via do equívoco e sem saber muito bem do que estávamos falando, o assunto alimentar apareceu entre nós e envolveu-nos em um segredo que o próprio Tony me revelou tempos depois confessando: "tenho corpo de robô".

Chegando a esse ponto, estava entre nós a resposta de suas dificuldades alimentares, mesmo que essa tivesse sido apresentada enigmaticamente. Sem dúvida, poderíamos referi-la à história de seu corpo: um corpo construído a partir de um mau encontro com o de sua mãe e um ambíguo déficit orgânico. Havia a tentação de perguntar-lhe de forma direta a que se referia seu corpo de robô. Essa tentação é outra maneira de deixar cair o desejo do analista que não retrocede ante as crianças...

Em alguma sessão posterior, Tony chegou ao consultório com um enorme robô, ao qual faltava um braço. Ele tinha a peça, mas se negava a tentar uma reparação porque, conforme me disse, com razão, "se colarmos o braço, não vai conseguir movê-lo depois". Questionei:

— Talvez, depois de colá-lo, consiga movê-lo um pouquinho.

Assim, a partir do valor significante em jogo entre "pouquinho" e "nada", colocamos a mão na massa. Finalmente, o braço pôde se mover de lado, mas não de cima a baixo, o que, contudo, era suficiente para brincar. E brincamos muito: sem importar o tamanho e tampouco o material com que eram construídos, todos os bonecos do consultório se transformaram em robôs; alguns eram amigos, outros lutavam, ganhavam e perdiam batalhas. No âmbito dessa proliferação de situações, decidimos criar nosso próprio robô. Para isso, fizemos uso dos blocos e outros elementos dispersos pelo consultório. Demos o nome de Atom e estávamos muito felizes com nossa criação. Mas a vida de Atom foi efêmera: em meio a uma enorme batalha, pouco depois de ter sido construído, caiu no chão e ficou destruído, demonstrando assim sua fragilidade. Tony ficou muito bravo e atacou nosso próprio trabalho exclamando:

— Era um robô de merda! Uma verdadeira cagada!
Dobrei a aposta:
— Cagada de robô, merda de robô... — disse complementando seus gritos.
— Não, não. Os robôs não cagam. Não cagam porque não comem. Tá vendo que não têm o buraco do cu?
— Ainda bem que não sou um robô. E você?
— Vou desenhar para ver se assim você entende.

Desse modo, Tony produziu uma passagem do jogo ao desenho. Começou retratando figuras humanas robóticas que não se pareciam àquelas que as crianças de sua idade costumam representar no papel. Em um primeiro momento (momento que se estendeu por duas sessões), as figuras estavam vazias. Logo, acrescentou um coração para, finalmente, incorporar o que poderia denominar-se uma "teoria dos tubos do corpo". Desse modo, começou a conectar diversos buracos por tubos: as orelhas com cérebro, o nariz com a boca e os pulmões, o umbigo com o coração e a boca com o cu. Para o desenvolvimento dessa teoria, passávamos dos desenhos às construções com todo tipo de materiais, fazíamos maquetes e mapas. Nos concentramos nos materiais que circulavam pelos tubos: ar, muco, amor, sons, comida e cocô. Acrescentamos um circuito para o sangue e o xixi. Claro que se tratava de uma anatomia significante, mas Tony se mostrava muito interessado em seu desenvolvimento. Eu não tinha ideia de até aonde chegaríamos em nosso trabalho. Mas o que sabia, sim, era que estava disposto a acompanhá-lo e a não recusar nenhuma proposta que supusesse dar um passo a mais em nossa tarefa.

Enquanto submergia com ele nas mais diversas construções e utilizávamos qualquer material disponível para dar realidade a nossos desenhos, lembrei uma citação do grande Michel Silvestre:

> Como se pode ver, se a criança neurótica pudesse demandar algo, demandaria que a deixem fazer (*faire*) sua neurose em paz. Parece-me que isso é o que compreenderam os melhores psicanalistas de crianças. Dão a impressão de preservar, de orientar, de dirigir um processo, mais do que tentar colocar-lhe obstáculos.

Mas, mesmo assim, não é surpreendente que seja o entorno da criança que se dirige ao analista, toda vez que é a esse entorno (...) a quem a criança formula sua pergunta (*demande*), e que essa pergunta não é formulada a não ser porque esse entorno já se mostrou enfraquecido no instante de responder?[20]

Citei um dos parágrafos que foi publicado em meu primeiro livro[21] – e, se retomo a citação tantos anos depois, é porque me lembrei dela todo esse tempo. Esse parágrafo está composto por três orações, cada uma delas com um valor diferente. Sempre me surpreendeu a ideia de que uma criança demandaria que a deixassem desenvolver sua neurose em paz – o verbo francês *faire* tem diversas possibilidades de tradução além de "fazer", que é a mais pobre delas. Creio que Silvestre faz ressoar ali o que, na ocasião de seu comentário do caso do pequeno Hans, Lacan introduz sob a forma da *exaustão* (ou esgotamento) das permutações de um número limitado de significantes que compõem um assunto: "(...) a solução do impossível é trazida ao homem pelo esgotamento de todas as formas possíveis de impossibilidades encontradas no equacionamento significante da solução"[22].

A segunda oração deixa de indicar uma falta de humildade para se converter no preferível: é *melhor* um analista que compreenda essa ideia, que a facilite e a acompanhe com seu desejo, ao invés de qualquer posição que a obstaculize, inclusive em nome do mais elevado ideal de saúde.

Em relação ao segundo parágrafo, no caso de Tony, foi evidente que seus outros parentais se mostraram esmorecidos ante sua pergunta/demanda (*demande*, em francês, tem os dois significados). Enquanto todo esse assunto (sujeito) se desenrolava, o menino havia começado a comer um pouco mais e a regularizar suas defecações, não sem um trabalho com os pais no âmbito do dispositivo de presença. Esse trabalho consistiu em apontar que poderiam associar suas funções alimentares e excrementícias a algo lúdico: desfrutar e se divertir na hora das refeições e de ir ao banheiro, ao invés de vivenciá-las como uma situação tensa e de avaliação – por não dizer "universitária" – em que se aprovavam ou não a quantidade de colheradas e dejetos.

É fácil ler *a posteriori* o quanto convém que o analista que não retrocede ante as crianças se involucre na lógica da "coextensividade do desenvolvimento do sintoma e de sua resolução curativa"[23], o que se consegue "unicamente com a condição de o eu do analista aceitar não estar aí, unicamente com a condição de o analista não ser um espelho vivo, porém um espelho vazio"[24]. Qual é a via que conduz a essa posição? Deixemos que Lacan responda:

> ... não seria tanto de uma longa experiência do analista, de um conhecimento extenso daquilo que ele pode encontrar na estrutura, que deveríamos esperar a maior pertinência, o salto do leão de que nos fala Freud, que só se dá uma vez em suas melhores realizações – não, é da *comunicação dos inconscientes*. É daí que sairia aquilo que, na análise existente, concreta, iria mais longe, ao mais profundo, até o maior efeito.[25]

Esse parágrafo poderia ser lido como uma declaração de princípios: a análise não avança graças à experiência do analista, mas à medida que esse não obstaculize, com sua experiência, com seu saber ou com seu eu, a comunicação inconsciente.

Então, nós, os analistas que não retrocedemos ante as crianças, deparamo-nos com outro obstáculo que é próprio à nossa clínica, dado que é a única que nos exige considerar nossos jovens pacientes, ao mesmo tempo, crianças e analisantes. Encontrei essa ideia em um texto publicado em 1975 na revista *Scilicet 5*, revista do Campo Freudiano cuja particularidade era a de manter o anonimato dos autores de seus textos. O artigo nos presenteia com um excelente panorama acerca do modo como se colocavam os problemas próprios à nossa clínica em meados dos anos 70, no âmbito da Escola de Lacan. Cito:

> Se a maior dificuldade no ofício do analista que trabalha com crianças é a de considerá-las, ao mesmo tempo, crianças e analisantes, é ao final da cura que as representações imaginárias que o analista fez da criança tendem a privilegiá-la [a criança] como tal, e não como analisante.[26]

Tais representações, quando se impõem, rebaixam o desejo do analista que não retrocede ante as crianças a um fim terapêutico, quando, na realidade, se trata de "evitar ser localizado ante um fato consumado [leia-se: o fim dos sintomas] e de levar seu jovem paciente tão longe quanto possível seja"[27].

Sem dúvida, estamos aqui mais além de Freud ou, ao menos, daquilo que ele propunha a respeito da análise de crianças. Para poder sustentar o desejo do analista quando há remissão dos sintomas de um analisante-criança, é preciso considerar com rigor teórico que "toda criança em análise é um analista virtual"[28]. Isso só é possível se o analista realiza as manobras que permitem instalar o dispositivo de presença de pais e/ou parentes. Caso contrário, o único final de análise concebível com uma criança será o terapêutico, ou seja, aquele sancionado com a eliminação dos sintomas que motivaram a busca pelo atendimento e que, ao mesmo tempo, permite verificar que quase sempre, e em todos os casos, os pais e parentes de nossos analisantes-crianças são comportamentalistas, inclusive quando são psicanalistas lacanianos.

2

Na clínica psicanalítica com crianças também não há proporção sexual

> Ali onde não há relação sexual,
> há troumatisme. Inventa-se.
> Cada um inventa o que pode, claro.
>
> Jacques Lacan, 19 de fevereiro de 1974.

A *doxa* do trauma e a constelação familiar

CÁSSIA E RICARDO CHEGARAM AO CONSULTÓRIO com uma inquietação provocada pelo jardim de infância que seu filho frequenta: disseram-lhe que o pequeno teria que permanecer mais um ano na sala da pré-escola e que deveriam solicitar ajuda profissional, já que, segundo a diretora da escola, o menino sofria de "problemas afetivos que interferiam nas habilidades de aprendizagem necessárias para aceder à escolaridade primária". Trata-se de um casal de profissionais — ela é psicóloga e ele, médico — que compreendem perfeitamente o alcance da medida. Ambos declararam estar em análise no momento em que se encontraram comigo.

Poder-se-ia supor que essa configuração favoreceria muito o desenvolvimento do trabalho analítico. No entanto, durante a primeira entrevista com o casal, houve uma situação — me atreveria a dizer, inclusive, que é bem frequente — que poderia ter se tornado um obstáculo ao trabalho se não estivesse advertido de que é algo que pode ocorrer. Logo após escutar uma apresentação geral da situação e um breve relato sobre as dificuldades da criança, dirigi minhas intervenções ao estabelecimento da constelação familiar – termo apresentado por Lacan em *O mito individual do neurótico* (1952) – que havia precedido a chegada ao mundo daquele que logo seria meu jovem analisante. Para isso, minhas perguntas foram muito simples, ao estilo de "como foi a concepção, a gravidez e o nascimento dessa criança?". A reposta obtida foi extremamente breve, mas indicativa: "tudo normal, nada esquisito, nada *traumático*...".

É claro que uma resposta em tais termos supõe certa expectativa no interlocutor. Ao que parece, esse casal calculou que eu, em meu caráter de psicanalista, esperava determinado tipo de dados: basicamente, os que rompem com a curva normal e dão à história certo colorido, digamos, patológico ou traumático. Convém fazer a respeito dois esclarecimentos: em primeiro lugar, apesar de se tratar de pessoas com formação universitária e experiência de análise, são, nesse caso, o pai e a mãe de um potencial analisante-criança. Em segundo lugar, o que enunciam não é mais que uma captura intuitiva da *doxa* da psicanálise, efeito da enorme influência que nosso *corpus* teórico conquistou na cultura, reforçado por todo o tipo de bibliografia de divulgação, séries de televisão e psicólogos-midiáticos-opinadores. Há efetivamente em jogo aí tanto uma ideia intuitiva sobre o trauma quanto uma atribuição e um manejo muito específico da ideia de causalidade, que não coincidem com o valor conceitual que ambas têm na teoria psicanalítica.

Na clínica psicanalítica com crianças também não há proporção sexual

Do ponto de vista de uma orientação psicanalítica freudo-lacaniana, não contamos com um inventário de situações traumáticas identificáveis por um terceiro (nesse caso, os pais de um menino). Ou seja: a pior das catástrofes poderia não ter valor traumático para uma pessoa, mas tê-lo, sim, um episódio de sua vida que, visto a partir de uma posição exterior, pareceria banal – e mais, nem sequer é necessário que o episódio o involucre diretamente. Em poucas palavras: o *sujeito escolhe seu trauma*.

Habitualmente, os pais e/ou parentes de uma criança que nos procuram organizam seu texto a partir de uma posição radicalmente oposta. O curioso é que, desde essa posição intuitiva, supõem que nossa intervenção, que tende a estabelecer a constelação familiar, busca exatamente isso: um episódio concreto e traumático que tenha certa relação causal com a situação presente – relação que o analista deveria estipular a partir de alguma fórmula de transformação. O trauma, porém, não é necessariamente um fato histórico, concreto e datável; tampouco é imediatamente captável do lugar do outro. Ademais, nem sequer é necessário supor que as intervenções que visam estabelecer a constelação familiar o buscam – algo que seria difícil sem contar com o testemunho de quem, em sua condição de analisante, dará corpo ao assunto (sujeito). Esse estado de coisas nos obriga a realizar alguma manobra para que respostas como essas não obstaculizem nossa tarefa. Não buscamos um trauma, ao menos não no sentido de um episódio concreto e histórico que funcionaria como causa do sintoma que levou à análise.

Também é frequente que, ante a mesma pergunta, a resposta seja "foi um filho desejado" – em uma tentativa de se desligar de um lugar pouco receptivo a respeito do filho em questão. Aqui, o que chama a atenção não é tanto o valor traumático que se poderia supor à ausência do desejo parental sobre um filho, já que sem dúvida poderia tê-lo em algum caso, mas sim a capacidade consciente dos membros do casal para dar conta de um desejo tal. Provavelmente se trate, nesses casos, de testemunhar certo *bom encontro* com esse filho, o que muitas vezes equilibra as vicissitudes de uma gravidez não planejada ou de um casal no início do relacionamento ou em crise... Não obstante, somente em ocasiões muito pontuais, podemos nos deparar com o testemunho direto ou cru de uma ausência total de lugar para um filho.

Nesse primeiro desenvolvimento de uma situação clínica bastante comum, manifesta-se um binário que poderia orientar a posição do analista em uma entrevista com os pais e/ou parentes de uma criança: o que buscamos durante as primeiras manobras que tendem a estabelecer o dispositivo de presença de pais e/ou parentes? O trauma ou a constelação familiar?

Na clínica psicanalítica com crianças também não há proporção sexual

Quando recebo Sandra e Vinicius, mãe e pai de Paulinho, que tem quase seis anos e faz a pré-escola, estão visivelmente preocupados. Durante uma apresentação na escola, o menino se deitou no pátio fingindo dormir, produzindo um distúrbio notável que interrompeu o evento. Isso foi a gota d'água. Paulinho, aparentemente, costuma ocupar-se de *descompletar* cenas escolares: com frequência, é aquele está em outro lugar, diferente do que ocupam seus colegas, ou está fazendo algo distinto dos demais. Não obstante, essas posições se modificam sempre e quando haja alguém que se ocupe especificamente dele. A escola observou esse modo de funcionamento e exigiu que o menino fizesse tratamento psicológico como condição de sua continuidade no estabelecimento.

Vinicius contou a situação com um discurso equilibrado, usando o tempo de que precisou para caracterizar seu filho. A mãe, ao contrário, mostrou-se aborrecida, incômoda – diria, inclusive, na defensiva. Para além das diferenças de estilo, são a família "perfeita, sem inconveniente algum" (*sic*), ainda que reconheçam enfrentar uma situação especial: moram em Buenos Aires, mas estão planejando mudar para o interior da Argentina, concretamente à cidade de origem do pai. Paulinho e seu irmão mais novo não sabem nada a respeito. Seus pais, contudo, me perguntam se, por acaso, a preocupação com uma possível mudança poderia afetar os meninos. Até o momento, trata-se de um único ponto no qual o relato do assunto familiar divide-se: moram *aqui*, mas desejam estar *lá*. Não obstante, antes de aceitar a visita do menino, decidi fazer entrevistas com os pais separadamente.

Durante a entrevista com o pai, esse aponta diretamente ao que considera um possível *trauma*: a "depressão puerperal" de Sandra, mãe de Paulinho. Disse que ela chorava muito e, como não podia cuidar da criança, ele o fazia. Numa tentativa de escapar do peso supostamente traumático do episódio, perguntei sobre a história deles como casal. Respondeu com um relato simples: estudantes universitários muito dedicados, obcecados por suas carreiras, começaram uma relação e se casaram. Mas não estava muito presente em seus planos a ideia de ter filhos. Depois de quase sete anos juntos, na ocasião de uma ida ao ginecologista, esse fez uma observação muito especial à Sandra: "Vamos! Se apresse em ter um filho porque senão você vai passar da idade!". Na época, ela estava com quase vinte e sete anos. Essa frase do médico, que Sandra transmitiu ao marido – e que ele não escutou de forma direta, mas através de seu relato –, sinalizou um ponto de urgência que não era deles. Mas não o discutiram nem o submeteram a uma revisão. Poderia afirmar que essa frase funcionou para eles como uma demanda e que não puderam, não quiseram ou não souberam fazer outra coisa que respondê-la ao pé da letra.

Sandra não disse nada sobre isso em sua entrevista. Ela focou no "demandante" que era Paulinho logo ao nascer. Quando lhe pedi precisões sobre o que queria dizer com o adjetivo "demandante", explodiu: começou chorando, mas, à medida que explicava sua posição, terminou ficando muito brava com o filho. Sua argumentação passou à caraterização pessoal, dizendo-se uma "obcecada pela organização e pelo estudo", uma jovem brilhante que dedicava a maior parte de seu tempo à formação profissional e ao trabalho. Seu parceiro ocupava pouco espaço, ainda que de boa qualidade. Seu filho veio mudar a situação. Na hora de explicar de onde surgia o excesso de demanda do filho, não pôde, porém, localizar nenhuma característica distinta aos requerimentos habituais que exige um recém-nascido. Finalmente, ante uma pergunta pouco significativa que lhe

Na clínica psicanalítica com crianças também não há proporção sexual

formulei, esclareceu: "o menino me superou. Eu pensava que a situação com um bebê era diferente, que não exigisse tanto. É como se eu tivesse calculado mal". Sua resposta afetiva frente a essa desproporção foi a cólera. Sobre isso, Lacan aponta:

> É muito difícil não perceber que um afeto fundamental como o da cólera não é senão isto: o real que chega no momento em que fizemos uma bela trama simbólica, onde tudo vai muito bem, a ordem, a lei, nosso mérito e nossa boa vontade... Apercebe-se de repente que as cavilhas não entram nos buraquinhos! É isto, a origem do afeto da cólera: tudo parece bem para a ponte de barcos no Bósforo mas há uma tempestade, que faz agitar o mar. Toda a cólera, e fazer agitar o mar.[1]

Ela não pôde fazer outra coisa a não ser ficar brava com um bebê muito pequeno – situação da qual somente saía quando seu marido, pai da criança, fazia-se presente e a desincumbia de certas tarefas. Essa braveza foi seu modo de vínculo com o filho, quem, até o momento da entrevista, não havia deixado de pôr à prova até onde sua mãe suportava essa desproporção.

Aproveito esse breve recorte para introduzir uma pergunta sobre tão particular nominação que recebem alguns pequenos: existem realmente crianças *muito* demandantes? Utilizemos essa pergunta para refletir um pouco sobre os termos em jogo.

Em seu livro de 2013, intitulado *L'inconscient de l'enfant*, Hélène Bonnaud dedica alguns parágrafos a esse problema. Cito-a:

Quando, por exemplo, a mãe não está em condições de suportar a dependência de seu filho, impacienta-se ante suas múltiplas demandas e as recebe como empecilhos à sua própria liberdade. A criança é suscetível de se converter em um objeto que estorva. Então, pode ser brutalmente desinvestida ou desalojada de seu lugar de ideal. A dependência da criança e sua demanda estão, então, intrinsecamente enodadas e constituem a modalidade principal da expressão da vida.

(...) A demanda da criança é a expressão mais imediata da relação que se instaura com seus pais. Veicula toda a dimensão linguageira que se escreverá nessa relação.[2]

O que Hélène Bonnaud afirma é praticamente um fato da experiência: com frequência, escutamos relatos de mães saturadas pelas exigências de seus filhos muito pequenos, situação vivenciada como uma limitação pessoal. Ante esse estado de coisas, é lógico que a criança caia do lugar de objeto ideal para sua mãe ou que, inclusive, seja percebida como algo um tanto sinistro. Nos relatos dessas mães aparece sempre um componente em termos quantitativos: a figura da "saturada" ou da "extrapolada". Ou seja, a suposta capacidade de responder *adequadamente* às exigências de seus pequenos filhos foi extrapolada ou saturada, fazendo aparecer uma resposta incômoda. Essa não é outra coisa que um sucedâneo do que deveria ter ocorrido, mas que não ocorreu. Dito em outros termos, uma resposta insuficiente frente a uma demanda excessiva. Podemos inclusive supor um mau encontro entre a demanda e a capacidade para respondê-la ou, diretamente com Lacan, situar ali a *ausência de proporção*.

Duas perguntas, então, se impõem. A primeira: é possível responder de forma completa e efetiva à demanda, qualquer seja ela? A segunda: existe um nível *normal* de demanda para uma criança, em relação ao qual se poderia dizer que alguém é excessivamente demandante? Essa segunda pergunta poderia ser reformulada do seguinte modo: é a demanda algo suscetível de ser mensurado para assim qualificá-la de excessiva, escassa ou normal?

Sabe-se que a língua popular faz um uso estendido do significante "demandante" em nossa vida cotidiana. Alguém um pouco chato, exagerado em seus pedidos ou em suas reclamações pode facilmente receber como injúria um "que demandante você é!". Nesses casos, não se trata de um uso conceitual, pois o termo fica quase como sinônimo de "pessoa que incomoda", retomando o mesmo uso que fazem nossas mães *excessivamente demandadas* por suas crianças. Em síntese: trata-se de um uso coloquial do qual convém afastar-nos a favor de sua apreensão como um conceito da teoria que ordena nossa *práxis*.

Recordo uma ocasião em que recebi no consultório um casal que vinha por causa de sua segunda filha. A mãe – um pouco influenciada por uma notícia que havia lido em um jornal de grande circulação – apresentou-a como padecendo de um *quadro de transtorno negativista desafiante*. Sua filha, Marisa, que tinha nove anos, não deixava de desafiá-la e de colocá-la em situações muito incômodas. A menina arriscava inclusive sua própria integridade física. Em certa ocasião, por exemplo, perguntou o que ocorreria caso se jogasse pela escada ou se atirasse do carro enquanto andavam em alta velocidade por uma rodovia. Destruía, com frequência, a tarefa de suas irmãs diante do olhar atônito da mãe. Costumava também perguntar-lhe como se sentiria caso morresse.

Quando consegui tirá-la um pouco do relato da série de tais "torturas", nome que dava às condutas de sua filha, às quais era submetida cotidianamente, pedi que me contasse da gravidez e do primeiro encontro com Marisa. Curiosamente, frente a essa pergunta, referiu-se à sua primeira filha, Mariana, e à enorme facilidade com que, sem nenhum inconveniente, puderam se conectar. Simone, esse era o nome da mãe, abandonou o trabalho e os estudos quando nasceu a primeira filha e dedicou-se completamente a ela – dado corroborado pelo marido, pai das meninas, presente à entrevista, ainda que um tanto silencioso. Estava disposta a responder à demanda da filha: Simone era *toda-resposta* a *toda-demanda* de sua pequena filha.

O problema começou quando, dois anos depois, nasceu Marisa, a segunda filha, e essa proporção não se manteve. Simone afirmou na entrevista que "Marisa era muito demandante. Chorava todo o tempo e somente se acalmava se estava comigo. Mas... e Mariana? Porque eu tinha também que me ocupar dela. Marisa me saturava e a outra era tão tranquila... Podem duas filhas, do mesmo casal, ser tão diferentes?".

Retive essas palavras quase textualmente porque me pareceram muito esclarecedoras. A solução aplicada com a primeira filha (*toda-demanda/toda-resposta*) é, sem dúvida, uma proporção, ainda que um tanto extrema. A demanda, claro, é intransitiva, não supõe nenhum objeto

Na clínica psicanalítica com crianças também não há proporção sexual

e não há outra possibilidade a não ser frustrá-la. Nesse caso, porém, a posição da mãe permitiu-lhe construir um modo de laço com sua filha que não a transbordou, mesmo que suas diversas respostas não tenham aplacado a demanda por completo. Obviamente, essa solução não pôde ser aplicada no caso da segunda filha...

É praticamente impossível que a chegada de um filho não produza uma sacudida libidinal no casal parental e que a desproporção não se faça notar em várias frentes. Um homem que se queixa de que sua mulher é *muito* mãe e *pouco* mulher por se ocupar *demais* de seu filho. Uma mãe que denuncia a *excessiva* demanda sexual de seu marido enquanto tem que se ocupar do filho. As habituais queixas porque se dorme e se descansa *pouco* enquanto se briga e se discute *muito*. Há também crianças que choram ou comem *muito* e outras que se inquietam porque não o fazem o *suficiente* (é curioso quando alguém afirma "vou ver a criança porque escuto *muito* silêncio"). Os exemplos são intermináveis.

Conforme o relato, foi relativamente simples a solução que Simone aplicou: converteu sua posição na de agente da resposta total à demanda de sua primeira filha. Se essa manobra não resolveu a desproporção, pareceu velá-la – ao menos até que surgiu a segunda menina e, aí, a demanda tornou-se algo impossível de ser completamente respondida, produzindo esse efeito de transbordamento que Simone testemunha.

No caso anterior (o de Paulinho), a situação é um pouco diferente, ainda que apresente a mesma estrutura. Sandra respondia por completo à demanda de sua profissão (ela afirmava ser "obcecada" por isso). A chegada de Paulinho obrigou-a a fazer uma manobra de reorganização de suas respostas, mas ficou imersa no transbordamento. A demanda de sua profissão era algo manejável e, até mesmo, simbólica. Porém, o aparecimento de Paulinho afrontou-a de modo distinto, mais vivo e mais real. Temos aqui dois casos cuja apresentação sintomática é muito similar, com histórias familiares nas quais as mães foram excedidas pela demanda de seus filhos. Duas andorinhas não fazem verão... seria necessário, assim, estudar um pouco mais a relação entre esse modo de apresentação da conduta das crianças e as condições em que seus outros primordiais interpretaram suas primeiras demandas.

Encontrei em minha prática clínica como supervisor outro caso, não menos curioso que os anteriores. Sem entrar em grandes detalhes, direi que se tratava de um casal que, frente ao nascimento de sua segunda filha, dividiu as tarefas: o pai se encarregou de responder de forma completa à demanda de seu primeiro filho homem, enquanto a mãe se ocupou, de igual modo, de sua filha recém-nascida. Aqui também o modelo foi uma tentativa de responder a toda-a-demanda com toda-a-oferta. Enquanto tinham um só filho, esse era tarefa de ambos os progenitores, mas, quando nasceu a segunda, eles se dividiram. O filho homem já tinha dois anos de idade e já havia feito muitas aquisições no momento em que ficou exclusiva e totalmente ao cuidado de seu pai. Não foi esse o caso da menina, uma vez que era recém-nascida. No momento da entrevista, algumas de suas dificuldades consistiam na falha dos efeitos ordenadores – ou também socializantes – dos modos que o significante toca ao corpo, sendo o mais chamativo seu modo falar, pois incluía certa função de sua mãe. A menina tinha quase cinco anos e se expressava de maneira absolutamente ininteligível. Ininteligível para todos, exceto para sua mãe, quem se oferecia como *tradutora* quando, na realidade, *codificava* esse fluxo de sons próprios de *lalíngua*. A mãe, orgulhosa de semelhante nível de compreensão, afirmava ser "quem a aproxima da sociedade porque sou a única que a entende". Não há nenhuma ironia nessa afirmação, ela está convencida de que as coisas são assim. A desesperada tentativa de encobrir a desproporção levou essa mulher a uma posição sem limites. Declarava não se cansar com as demandas da filha – encontramos aqui um curioso contraste com as mães que se apresentam como saturadas ou transbordadas frente a tais exigências – a tal ponto que costumava realizar as tarefas do lar com a menina nos braços ou de mãos dadas.

Cabe aqui um esclarecimento, simples, mas importante, com o objetivo de fazer consciente o manifesto. Dado que, em algumas ocasiões, há ideias de Lacan que se repetem como clichês fora de contexto, quero fazer constar que temos o marco exato para localizar a ideia da *passagem do grito à demanda*, através da posição do Outro e sua correlação com a cadeia significante. Os bebês recém-nascidos não demandam e, por isso, não podem ser excessivamente demandantes. Eles gritam e choram, mas é necessário um Outro para que esse grito se converta em chamado, em demanda. Ou seja: nessa demanda que nossas saturadas mães consideram excessiva, há algo delas em jogo – e é tarefa do analista que não retrocede ante as crianças estabelecer isso com a maior precisão possível.

Se tentarmos dar um passo mais, poderíamos perguntar se, por acaso, um filho chega sempre para desequilibrar o cálculo. É indiscutível que uma criança não chega no vazio, algo a preexiste. Lacan o afirmava com precisão e muito sinteticamente, por exemplo, ao dizer que "a linguagem, com sua estrutura, preexiste à entrada de cada sujeito num momento de seu desenvolvimento mental"[3]. Primeira resposta, então: é a linguagem o que preexiste à entrada de uma criança no mundo. Mas há outra, apenas posterior, que introduz um elemento a mais a considerar nessa exposição. Trata-se "da ordem simbólica que preexiste ao sujeito infantil e segundo a qual será preciso que ele se estruture"[4].

São matizes possíveis para pensar a arquiconhecida expressão "preexistência do Outro". O que espera por uma criança? O que há antes dela? Como podemos pensar esse Outro no qual deve se incluir, se acomodar ou, inclusive, ao qual vem questionar? O que supõe essa anterioridade temporal, essa pré-história, essa constelação, esse circuito, essa cultura ou esse Outro que o preexiste?

Nos termos do primoroso escritor francês Pascal Quignard[5]:

> Nascemos de repente no ar atmosférico, cegados pela luz solar, escravos das mais humilhantes dependências.
>
> A liberdade não faz parte da essência do homem.

O desamparo original impõe à sobrevivência do pequeno que acaba de chorar cuidados, limpeza, socorro, alimentação, proteção. Ou seja: o desamparo original impõe os outros que não tiveram nenhuma autonomia em sua concepção; impõe a família, a obediência, o medo, a língua comum, a religião, a criação, a convenção do vestuário, o arbitrário da educação, a tradição da cultura, o pertencimento à nação. Toda essa "ajuda" alheia submerge a criança em uma mistura de amor e de ódio ao pai totalmente novo e contra a mãe-fonte que o expulsou à luz e o livrou à respiração. É uma mistura de admiração e de ferida, desejar ao outro e, ao mesmo tempo, ser desejado por ele, captar sem pegar, perseguir sem matar, desejar o desejo de cada um, matar sem que se veja, roubar tudo.[6]

Quignard apresenta a situação desde o extremo da máxima dependência genérica motivada pelo desamparo originário da prematuridade na qual nasce o ser humano[7]. Deduz daí que essa dependência aliena a liberdade. Nascer não é mais que dar andamento a um processo que escraviza *amorosamente* (eu esclareceria que o advérbio vale somente para o melhor dos casos), e assim é como Quignard justifica a dupla face afetiva de amor e ódio por esses outros primordiais, paixões próprias de um sujeito humano que padece de sua falta a ser.

Do lugar do Outro, a coisa se desdobra. Por um lado, deve responder pelas necessidades biológicas do pequeno – "humilhando-o", diz Quignard. Por outro, também deve se erigir em representante e transmissor da cultura, da linguagem e da ordem simbólica (sem esse último, mesmo com as necessidades biológicas satisfeitas, as crianças morrem de marasmo). Sem arriscar interpretações psicológicas superficiais, atrever-me-ia assinalar que Quignard afirma a premência do Outro sobre a criança, seu máximo poder e seu humilhante exercício de cuidados. É mais: em sua leitura, é justamente essa premência/preexistência que justifica a reposta persecutória, assassina e ladra de quem fora outrora sua vítima, mas também seu desejo por seus assassinos: o de ser desejado por aqueles. Como poucos, além de Freud e Lacan (e, quem sabe, unicamente, de Winnicott), Quignard captou esse arco de ida e volta entre a criança e o Outro e entre o Outro e a criança. Talvez como nenhum dos anteriormente citados, apresentou sua articulação como um quadro de uma idiotice bela, com essa beleza única que têm os acontecimentos um tanto trágicos – o que sem dúvida é um selo em sua profusa obra ensaística e literária que considero francamente genial.

Há mais um apontamento que queria introduzir. É de Lacan, mas vem completar a ideia de Quignard. O desejo de um filho é, muitas vezes, um modo de resposta particular à ordem simbólica a respeito da qual, supostamente, seus pais deveriam garantir sua sujeição. Cito:

> Lembrem-se que ocorre frequentemente que o fundo do desejo de uma criança é simplesmente isso que ninguém diz: "que ele seja como nenhum, que ele seja minha maldição sobre o mundo".[8]

O que significa isso senão uma tentativa de devolver ao mundo e a seu ordenamento todo o mal recebido, mas não de forma direta, e sim através de um filho? Há aqui outra maneira de tentar conseguir uma proporção, a qual se verifica na intenção de devolver na mesma medida e que seguramente falhará; falha que será ainda mais manifesta quando a maldição recaia sobre os próprios pais, parentes ou resto da família.

O impossível de evitar

Recebo para entrevista um casal que enfrenta certas dificuldades com Pedro, seu filho de quatro anos e meio. Segundo dizem, o pequeno esgotou-os: até certo momento, eles puderam se alternar nas respostas às diversas situações que o filho provocava. Quando, por exemplo, um deles se cansava e estava muito bravo com o menino, o outro entrava em cena e o substituía. Contam também que, quando se tratava de dar bronca, um atuava como "o policial bom" e outro como "o mau". O garoto os desafia, não obedece e chegou inclusive a agredir fisicamente à sua mãe. Há ocasiões em que bate em si mesmo. Se algo não dá certo, joga o que está fazendo e se encoleriza excessivamente. Há alguns dias, ambos estão cansados e aborrecidos, ficam muito bravos com o filho e gritam um com o outro, o que começou a gerar grosserias em sua relação de casal. De fato, durante a entrevista, nota-se uma disputa permanente pelo uso da palavra e queixas diversas, que os levam a se repreender mutuamente com dizeres como "me deixa falar?", "posso terminar de dizer o que estou falando?", "você pode não me interromper?", que surgem indistintamente de um ou de outro lado. Não é demais acrescentar que as dificuldades de Pedro apresentam-se fundamentalmente em sua casa, e não no Jardim de Infância que frequenta, onde os inconvenientes não ultrapassam as clássicas brigas das crianças de sua idade tentando se adaptar ao regime escolar.

As posições enunciativas dos pais diferem. Edson, o pai, é o *sabe tudo* e muito rapidamente tenta fazer aliança comigo, falando em termos técnicos (ainda que sua profissão nada tenha a ver com a minha) ou brincando com as questões de gênero (fazendo comentários tais como "viu como *nós*, os homens, nos relacionamos com os meninos diferente das mulheres..."). Como o filho, o primeiro com esta mulher, mas seu segundo, bateu só na mãe, tenta converter essa situação em uma prova de que o problema se encontra ali, nessa relação, ocasionada pelo nascimento de seu último filho, quem, no momento da entrevista, tem nove meses. Nos diversos momentos em que disputa a palavra com sua esposa, ele sorri com certo ar de superioridade. Márcia, a mãe, está um pouco sobrecarregada. Tem que atender a seu bebê e, também, suportar os ataques e desprezos de Pedro. Percebe-se em seu discurso certa desorientação e um pedido concreto de ajuda. Deixa entrever que, como o marido já tinha experiência como pai, no momento do nascimento de Pedro, ela seguiu suas diretrizes, mas as coisas não saíram bem. Se, por um lado, o ponto de aborrecimento os mantém unidos, por outro, essa reclamação os separa e os confronta – uma vez que, de alguma maneira, se converte em impugnação à operatividade de um suposto saber paterno. Edson responde inquirindo – e aí a coisa fica tensa – se acaso Márcia não dispunha de algo como um instinto materno para enfrentar os acontecimentos, já que, se tudo é culpa sua, onde estava a mãe em todo esse assunto?

Na clínica psicanalítica com crianças também não há proporção sexual

Antes de continuar, convém esclarecer um ponto: quando nasceu Pedro, a filha de Edson tinha treze anos e não convivia com eles. O pequeno foi criado quase como filho único, sem gerar muita tensão com sua meia-irmã, e não obrigou o casal a uma reorganização libidinal como costuma ocorrer quando da chegada do segundo filho. Portanto, é falso que a estratégia paterna para enfrentar esse momento estivesse apoiada em uma experiência prévia como acreditou sua esposa ao se submeter a essa. Se bem Edson já havia sido pai, nunca havia vivido a chegada de um segundo filho com a mesma mulher, nem a demanda que uma situação assim exige resolver.

A situação do nascimento do segundo filho desse casal era totalmente nova para eles. A fim de reduzir o impacto da chegada do bebê sobre Pedro, o pai adotou como estratégia algumas falas e situações muito particulares, as quais exemplificarei.

Quando nasceu o irmão, Pedro recebeu um enorme presente (um escorregador de plástico) que supostamente seu irmãozinho havia trazido porque "gostava muito dele e estava muito feliz de tê-lo como irmão mais velho". Desde então, e com certa frequência, tentaram aplacar sua fúria com presentes, sempre entregues em nome de seu irmão. Pedro, várias vezes, perguntou detalhes, por exemplo, sobre como seu irmão havia colocado um escorregador tão grande na barriga de sua mãe, de onde obtinha dinheiro para comprar os presentes, como comprava essas coisas se ainda não podia falar... As respostas que recebia eram todas muito forçadas e totalmente incoerentes.

Quando o bebê completou três meses, seus pais decidiram tirar o berço de seu quarto. Assim, ambas as crianças passariam a compartilhar o mesmo espaço para dormir. O pai fez uma encenação, expressando em diversas ocasiões e a viva voz que deveriam tirar o bebê do quarto e, como não tinham onde colocá-lo, o poriam... na sacada! Propôs isso várias vezes até que, finalmente, Pedro respondeu com um tímido "ponham no meu quarto". Apenas dito isso, Edson e Márcia esperaram que ele estivesse na escola para reorganizar o quarto, o que supunha a retirada do escorregador para poder incluir o berço. Quando o pequeno voltou e deu de cara com a grande reforma da qual não havia participado em absoluto, ficou muito bravo e se arrependeu: "melhor colocá-lo na sacada" – disse ao pai.

É possível, desse modo (ou de qualquer outro), reduzir o impacto que pode produzir sobre um filho a chegada de outro no seio de uma família? Além disso, essa redução é função parental? Ou enfrentar esse impacto é uma tarefa de cada criança e de seus outros, necessária (no sentido lógico, forte, do termo) pelo que proporciona como ganho ao resolvê-la? Por fim, e, nesse caso, era possível que não falhasse?

Em seu escrito *Os complexos familiares na formação do indivíduo* (1938)[9], Jacques Lacan dedica um capítulo completo ao que denominou "complexo da intrusão". Destaco dois parágrafos para articular com as perguntas que fiz. No primeiro deles, afirma que:

> A observação experimental da criança e as investigações psicanalíticas, ao demonstrarem a estrutura do ciúme infantil, esclareceram seu papel na gênese da sociabilidade e, através disso, do próprio conhecimento

como humano. Digamos que o ponto crucial revelado por essas pesquisas é que o ciúme, no fundo, representa não uma rivalidade vital, mas uma identificação mental.[10]

No segundo, afirma que "na discordância característica dessa fase, a imagem só faz acrescentar a intromissão temporária de uma tendência estrangeira. Chamemo-la de intrusão narcísica: a unidade que ela introduz nas tendências contribuirá, no entanto, para a formação do eu"[11].

Voltando à situação da entrevista, essa foi bastante linear: uma criança que questiona a autoridade e a ordem familiar, a partir do nascimento de seu irmãozinho.

Disse-lhes que tudo o que me contavam era muito interessante, mas que o nascimento de seu segundo filho era uma faísca e que, para iniciar um incêndio com uma faísca, é preciso jogar combustível. Olharam-se e acrescentaram alguns dados. Durante a última gravidez de Márcia, Pedro, que havia alcançado perfeitamente o controle dos esfíncteres, apresentou um quadro de enurese e com frequência atacou com socos a mãe, batendo em sua barriga. Quando seus pais lhe davam bronca por isso, Pedro dizia: "Eu não bati na mamãe! Eu bati no meu irmãozinho!".

Com convicção, sugeri a eles que certamente teriam outras coisas para contar que não estavam relacionadas ao irmãozinho, que eram, inclusive, prévias à notícia da gravidez.

Recordaram que Pedro padecia de broncoespasmos desde muito pequeno, transtorno que chegou a resultar em uma internação de quatro dias. Essa lembrança desembocou no relato das condições de vida do casal nos primeiros tempos. Moravam os três em um apartamento muito pequeno ("um dedal" – segundo o pai do menino), no qual, ocasionalmente, ficava também a filha de seu primeiro casamento. Curiosamente, a descrição incluiu numerosas referências a problemas relativos ao ar e à respiração como, por exemplo, "não podíamos respirar ali", "brigávamos muito e o ar era tão pesado que dava para cortar", "vivíamos em uma atmosfera densa". Além disso, lembraram também que apenas um ano antes do nascimento de Pedro, no dia em que se casaram, Márcia perdeu seu pai, único suporte afetivo e contato com sua família de origem. Seu refúgio também frente às constantes agressões que recebia por parte de sua mãe e de seu novo parceiro quem, inclusive, chegou a agredi-la em mais de uma ocasião.

O sofrimento das crianças é a desproporção

Todas essas exposições não são outra coisa que diversos modos de apresentar a desproporção à qual o desejo do analista que não retrocede ante as crianças faz frente, todos os dias, em sua tarefa. Na clínica psicanalítica com crianças também não há proporção sexual, mas dito assim soa um pouco distante da nossa *práxis*. Desenvolvamos as incidências de tal afirmação.

No que se refere ao que chamei o sofrimento das crianças em seu matiz objetivo[12] (ou seja, o de seus pais e parentes), a desproporção se apresenta seja por excesso ou por defeito, dado que um filho é sempre distinto do que se esperava ou se calculava antes de sua chegada. Portanto, inevitavelmente, romperá o cálculo e, no melhor dos casos, porá a trabalhar seus pais e parentes para resolver de algum modo a demanda que essa diferença introduzirá. Digo "no melhor dos casos" porque haverá outros que não serão tão bons, nos quais essa demanda será recusada. Como vimos nas vinhetas que apresentei, os níveis de recusa serão diversos, podendo chegar a extremos realmente complicados.

Em contrapartida, do lado do sofrimento das crianças, em seu matiz subjetivo, nos encontramos com ao menos dois eixos para refletir sobre essa desproporção. Comecemos considerando o efeito dos primeiros cuidados, porque esses humilhantes processos de manipulação do corpo da criança com fins de limpeza, de alimentação e de abrigo, produzem satisfações paradoxais que excedem em muito seus objetivos iniciais. Sabemos que tais satisfações paradoxais ocorrem ao som da "água da linguagem"[13] e é complexo dizer quem as experimenta – a criança ou o Outro? Lacan afirmou que se trata do momento em que se soldam a realidade sexual em jogo nessas práticas e a linguagem – o indicou com o termo "coalescência", que remete à propriedade que as coisas têm para se unir ou fundir.

Há também outro eixo não menos importante, insinuado em detalhe nas palavras que citei de Quignard e de Lacan, os quais sugerem que a preexistência do Outro impõe uma ordem simbólica em termos de família, obediência, medo, idioma, religião, criação, vestimenta, educação, tradições, nação, entre outros. Basta que a criança, iniciada já na linguagem, exija alguma precisão ou justificativa de tais assuntos para que o Outro se mostre incapaz de responder por completo à sua solicitação. Conhecemos bem os efeitos (e fracassos) do esclarecimento sexual da criança – por exemplo – para nos escandalizarmos da inconsistência do saber do Outro e do efeito de "primeira decepção"[14] que o próprio Freud teorizou em 1908. Esse fenômeno, que já no artigo *Sobre as teorias sexuais infantis* (1908) ganhou valor, diríamos hoje, estrutural, introduz com clareza a desproporção entre as verdades que o Outro defende e seu saber para argumentar a seu favor. Não se trata da incapacidade nem da impotência de ninguém em particular, pois é um fenômeno necessário. Nesse caso, a diferença entre a resposta esperada e a obtida colocará em movimento um novo processo de investigação na criança, movido por essa desproporção. Freud deduziu daí a ocorrência de um primeiro conflito psíquico e uma possível excisão como consequência desse embate[15]. Nós, analistas, curiosamente, estamos acostumados a encontrar nesses casos certo retorno incômodo do problema sobre os outros encarregados dos primeiros cuidados, os que costumam se apresentar como não estando à altura de sua função. Convertendo o impossível em sua impotência, tentam primeiro se afirmar na suposta autoridade que lhes outorga ser *papai* ou *mamãe*. Trata-se de um recurso que falha. Então, se um pai ou uma mãe não podem afiançar a conduta sintomática de seu filho, se não sabem o que acontece a esse pequeno e tampouco qual é a causa de seu sofrimento, quem poderia saber? Um analista talvez? É uma aposta que poderia funcionar com a condição de que o analista não saiba *demasiadamente*. Outra vez, nos encontramos com o problema da desproporção... Até que ponto os pais e parentes de uma criança poderiam suportar que um analista saiba *mais do que eles* a respeito do assunto que os aflige?

Colette Soler o assinala magistralmente há muito tempo:

> Para começar uma análise, pois bem, é preciso escolher um analista (...). Como sabemos, essa escolha é uma coisa grave e suas consequências são incalculáveis. Todo mundo o sabe, não só os psicanalistas e não só os psicanalisantes. Todo mundo o sabe, começando pelos companheiros do analisante em potência. Alguém pode dizer que não acredita na análise, mas, se é o amante ou o marido, se é a amante ou a esposa, ou até o *pai ou a mãe do analisante em potencial*, nem bem se cogita que esse analisante entre em análise, o parceiro dá mostras de saber que o analista é rival, rival como objeto (...). Encontro aqui uma prova de que a "consciência comum" sabe que a análise muda algo no amor ou, para dizê-lo mais freudianamente, na libido.[16]

Colette Soler não se esquece de incluir na lista dos ameaçados pelo novo vínculo analítico os pais e as mães de nossos analisantes-crianças. Parece-me muito importante essa mínima referência que desliza pelo texto porque permite notar que não importa se esses outros *creem ou não* na análise: está presente, no saber popular e na cultura, a ideia de que a psicanálise tem fortes efeitos no laço amoroso. E onde está mais em questão esse laço que entre filhos, mães e pais? Os casais (qualquer que seja seu formato) vão e vêm; é um fato hoje em dia que as separações e os divórcios são coisas cotidianas. Ainda que as famílias tenham trocado muito de configuração, o laço amoroso entre o que denominamos mães, pais e filhos segue sendo um apoio para sustentá-las.

O desejo do analista que não retrocede ante as crianças

É evidente que um analista não consegue fazer muito com os efeitos que sua presença pode produzir, por exemplo, no marido, na esposa, no amante ou no companheiro de algum analisante. Pode, no entanto, realizar algum trabalho sobre tais efeitos no pai, na mãe ou em algum parente responsável por seus analisantes-crianças. Contamos para isso com o dispositivo de presença dos pais e parentes, âmbito propício para pôr em ato o que Freud chamava de "influência analítica"[17] sobre eles. Faço constar que realizei, em obra anterior, um breve comentário sobre esse significante algo enigmático[18].

Urge dizer que esse comentário foi insuficiente para esclarecer o termo e se limitou a uma breve pontuação que conduziu à recuperação de uma frase de Freud muito anterior, na qual afirmava que a palavra era o meio mais efetivo de levar adiante tal influência. Desde então, a cada vez que retomo o assunto, tanto na solidão das minhas leituras quanto com diversos grupos de trabalho, retornam as mesmas perguntas: o que quis dizer Freud com o significante "influência analítica"? Por que jamais o retomou para tentar dar algum esclarecimento? Trata-se de um estado intermediário entre o magnetismo-hipnotismo e a construção da transferência? Esse influxo, por acaso, logo se dissolveu no conceito fundamental da transferência?

Durante certo tempo, ensaiei diversas respostas, todas provisórias e nenhuma plenamente satisfatória para resolver o inconveniente. Ao final de minhas elaborações sobre o dispositivo de presença de pais e parentes na clínica psicanalítica lacaniana com crianças, era fundamental obter algum benefício dessa fórmula freudiana que oferecia a chave para situar a posição e o desejo do analista que não retrocede antes as crianças – nem tampouco ante seus pais e/ou parentes. Até que encontrei o livro do sinólogo francês, François Jullien, intitulado *Cinco conceitos propostos à psicanálise*. Fiquei muito surpreso ao me deparar com uma posição crítica a respeito do uso que Freud fez do termo "influência" e que, de alguma maneira, esclarecia meu incômodo a respeito:

> ...me pergunto se Freud, herdeiro da tradição intelectual europeia, e em primeiro lugar por sua busca por clareza (de objetividade e demonstrabilidade, e o que se chama a *cientificidade*), não cai nas mesmas dificuldades que acabo de mencionar a respeito da influência. Necessita da noção, mas me parece que não assume nem suas condições teóricas, ou melhor, antiteóricas, nem seus alcances. Adverte, contudo, o papel que tem na cura, mas o menciona de passagem.[19]

Jullien, especialista no pensamento chinês, em seu livro (originalmente publicado em 2012), elege uma série de conceitos do pensamento oriental para propor à psicanálise, tarefa que, a meu ver, consegue realizar com muito êxito. Segundo se pode deduzir da citação anterior, foi o afã científico de Freud, mais do que seu pertencimento à tradição intelectual europeia, que o impediu de obter o máximo proveito do termo "influência" – o qual, porém, usa de modo intuitivo. Ainda detido em minhas elaborações por esse limite, consegui apresentar uma série de considerações sobre o estabelecimento e funcionamento do dispositivo de pais e parentes na clínica psicanalítica com crianças em um livro homônimo[20]. Poderia resumir a intenção geral da obra da seguinte maneira: trata-se de uma aposta que tende a deixar claro que não há nada *natural* (como afirmam alguns colegas) no fato da presença e participação dos pais de nossos analisantes-crianças em suas análises. Essa presença deveria surgir como resposta ao ato do analista, o qual consiste em instalá-la. O artifício em questão não poderia receber melhor nome que "dispositivo", termo tributário de toda uma história que começa com Michel Foucault e continua na sociologia e na tecnologia – hoje em dia, todo mundo carrega um dispositivo na bolsa ou no bolso. Dediquei-me em profundidade ao problema e obtive resultados parciais. Não consegui uma definição estrita do "dispositivo de presença"; a pesquisa lançou luzes fragmentárias, que não chegaram a se coordenar em um verdadeiro conhecimento. Desde a definição primeira de Foucault, estava claro que o assunto, se bem poderia ser abordado de modo rigoroso, não poderia ser metódico. Essa espécie de incômodo que, como autor, sentia enquanto tentava dar conta, com dificuldade, de minhas ideias, transformou-se em um percurso coerente, no qual nada estava livre ao acaso, mas que nem por isso dependia de instruções prévias. Em síntese: não consegui escrever um manual, mas não foi devido à minha incapacidade de ensinante. Existia outro motivo mais preciso: não há manuais para ensinar nem para aprender a confrontar-se com o real. Terminei considerando a noção de influência como um momento prévio à elaboração da noção de transferência, o que, sob qualquer perspectiva, resultava em erro, inclusive em termos cronológicos. O termo aparecia em uma das *Novas conferências introdutórias à psicanálise*, precisamente na de número 34. Sabemos que esses textos estão datados entre 1932 e 1933, quando a transferência já era um conceito fundamental e bem teorizado na psicanálise de Freud. Tratarei de esclarecer esse assunto um pouco mais adiante, para o que peço a indulgência do leitor.

À continuação, cito François Jullien:

> A nosso pensamento custa-lhe pensar como trabalhar de maneira concentrada, mas que não esteja projetada; ou como se sustentar na situação sem intervir nela, sem irromper nela com arbitrariedade.[21]

Essa citação introduz fortemente uma limitação do pensamento ocidental, que é o de Freud e também o nosso: custa-nos pensar um modo de ação estipulado, ajustado ou acordado, mas que não tenha sido planejado em um momento prévio.

A segunda parte do parágrafo nos impõe uma pergunta: por um lado, como estar posicionado em uma situação sem intervir nela? Por outro, como fazê-lo sem irromper arbitrariamente? Antes de continuar, convido meus leitores analistas a recordar alguma cena ante o casal parental de qualquer de seus analisantes-crianças. Como é difícil estar ali, na posição analítica, sem que nossas palavras ressoem como um questionamento arbitrário conforme o modelo de criação que nossos interlocutores adotaram! Como dizer algo sem que ressoe como uma crítica frontal ou, inclusive, um ataque? Quantos analisantes-crianças foram retirados de suas análises por enfrentamentos surgidos nas entrevistas, quando supostamente essas tinham por objetivo, justamente, *proporcionar* um pouco a incidência do analista mediante uma *influência* favorecedora da tarefa? Há então interrupções das análises devidas à desproporção, não tenho dúvida alguma.

Sim, claro, mas... e então? Jullien nos propõe uma ideia econômica, simples, mas muito coerente a fim de resolver nosso inconveniente e, ademais, conclui com um binário significante que estabelece o exato valor do termo que introduz. Cito:

> Frente àquilo que não podemos abordar *frontalmente*, mediante nosso raciocínio, que rege de antemão, que projeta e que implica, não teremos, pois, outro recurso que nos relacionarmos da única maneira possível: uma maneira que chamaremos *oblíqua*. Não teremos outro recurso que descobrir uma torção no caminho, bordeando e seguindo seus contornos para se insinuar, para se deslizar ali, fazer-se aceitar, de modo que essa intervenção apenas o seja e que seja tolerada sem suscitar resistência nem reação contrária. Mas *torção* nos faz cair de novo em um registro que não é intelectual, senão um que deriva tradicionalmente do trabalho manual e que tememos que, se não houvesse se destinado ao acaso, ao menos à experimentação e à aproximação (como quem fala também de "olfato" ou de "ter boa mão") (...) *Torção oblíqua* se opõe abertamente a *método*.[22]

Efetivamente, muitos analistas em formação sonham com dispor de um método para planejar suas entrevistas com os pais e parentes de seus analisantes-crianças. Há muitos analistas já experientes que sustentam essa posição, fazendo-os crer que o método existe, que o conhecem (quando não dizem que o inventaram) e que a seu devido tempo o ensinarão – entendendo por "devido tempo" que isso nunca ocorrerá. Já sabemos o porquê, ainda que os gurus de sempre o justifiquem em termos de "porque lhe falta análise", "falta-lhe leitura"... Ou seja, falta-lhe alguma coisa que lhe permitiria compreendê-lo. E a quem não lhe falta algo? Enfim, como dizia Lacan, ninguém morre de vergonha, mas... que lindo seria!

O que é a torção? A torção é o nível de obliquidade que pode se apresentar em um corte, em uma situação ou em um movimento. Assim, quaisquer desses processos pode se torcer e seguir uma direção oblíqua. A ideia é que o *método* levaria adiante um processo de maneira frontal ("de sola", em homenagem ao futebol), enquanto a torção faria de modo oblíquo e, por extensão, com algum desvio (ou torção). Trata-se de um termo que não está ligado ao discurso científico – o método, sim, está – ou melhor, está relacionado com o quefazer artesanal, o *savoir-faire*. O *método* permite que o processo seja reproduzido por qualquer ator, inclusive essa é uma de suas condições. A torção é pessoal e se descobre enquanto se desenvolve. Jullien afirma que "na torção não prevalece o plano, mas a maneira de abordar: o trajeto não é projetivo, senão processual"[23].

François Jullien retoma uma imagem proposta por Mencio (importante referência lacaniana no seminário de 1971) para dar conta desse tipo de transformação:

A água não avança senão proporcional e simultaneamente (...): "Até que não tenha enchido a cavidade que está no seu caminho, a água não vai mais longe". (...) É impossível pular etapas, tirar obstáculos, forçar a compreensão. Porém, cada vez que encheu a cavidade encontrada, a água transborda por si só para avançar. Continua progredindo imperturbavelmente, levada por seu próprio movimento.[24]

Detenho-me aqui para convidar o leitor a revisar o caráter paradigmático (no sentido de "modelo") que algumas intervenções podem chegar a ter.

Quando um analista repete uma intervenção que leu em algum texto de um colega ou do próprio Freud, é porque supõe – inclusive ignorando-o – que a prática analítica consiste na aplicação de um método. É certo que um cientista pode repetir em seu laboratório o experimento de algum colega sempre e quando mantenha constantes certas condições, mas... isso é possível em uma análise? É operativo confrontar qualquer potencial analisante, inclusive criança, com um *seria preciso ver qual a tua parte na desordem de que te queixas*? É necessário declarar *que não temos inclinação alguma à crueldade, que não gostamos de martirizar ao paciente, mas que, naturalmente, não se pode dar-lhe nada sobre o qual não possua poder de disposição*? Curiosamente, em diversos textos e apresentações clínicas, observa-se que essas intervenções se repetem até o limite, como se, por terem sido enunciadas por Freud, garantissem sua legitimidade. Por sorte, há poucas dessas nas quais o analisante em questão é uma criança, o que não impedirá que alguém afirme ante um pequeno que, *muito tempo antes que ele viesse ao mundo, fulano já sabia que chegaria, que gostaria muito de sua mãe e, por isso, ver-se-ia obrigado a ter medo do pai...* Fica claro que uma análise não é um experimento de laboratório em que se podem controlar as condições para obter um resultado idêntico. Cada analisante é único, bem como sua relação com seu sintoma ou sua posição ante *lalíngua*. Cada constelação familiar assume um formato diferente e cada criança responde ao sintomático que a constitui de modo diverso, único e não repetível, inclusive quando o motivo da procura ao analista seja o mesmo (façamos constar aqui que por "motivo da procura" entendemos o sentido externo do sintoma, tal como poderia se pensar na medicina). Duas crianças, por exemplo, que chegam à entrevista com transtorno de enurese não poderiam ter o mesmo sintoma, dado que as posições em jogo a respeito de *lalíngua* e o gozo não são as mesmas. Também não são idênticos os textos que cada participante do dispositivo oferece à análise, nem a demanda que se possa ali ler. *Last but not least*, não há sintoma, no sentido analítico, forte, do termo, sem analista ao qual esteja dirigido. Tanto é que, em cada entrevista, em cada sessão e com cada analisante (e seus sucedâneos, como o são os pais, mães e parentes de nossos analisantes-crianças), nós analistas nos vemos *aborrecidamente* obrigados – como dizia Lacan – a reinventar a psicanálise ou, como prefiro dizer, a *fugir para adiante*. Reinventá-la não quer dizer repeti-la segundo condições experimentais. Então, para revisar essa ideia pela milésima vez, vamos articulá-la com as propostas que François Jullien aproxima da psicanálise.

Comecemos com uma ideia que, a meu ver, é genial e extremamente original:

> Uma torção não é teórica, tampouco prática para dizer a verdade, já que não funcionam um sem o outro, mas é inseparável da questão, impossível de decompor, de como atuar para operar sem que seja algo previsto nem improvisado, que não nos encontre nem preparados nem desarmados.[25]

O leitor atento terá descoberto que a lógica que propõe Jullien impugna nosso aristotelismo mais radical e fundamentalmente o princípio de não-contradição: como algo poderia não ser *nem teórico nem prático*?[26] Como conseguiria, ao mesmo tempo, não estar previsto sem resultar improvisado? Como poderíamos enfrentá-lo sem preparação, mas não sem ferramentas para isso? Não posso, de modo algum, responder a essas perguntas. Não obstante, posso deduzir, com certa facilidade, que não se trata de pensar binariamente, com termos em oposição.

Isso é algo que sempre retorna quando entrevisto separadamente o pai e a mãe de algum analisante-criança e suas versões sobre certo episódio diferem ou, inclusive, chegam a apresentar pontos de vista contraditórios. A primeira tentação seria supor que um deles mente e que o outro diz a verdade. Mas... é realmente assim? Cuidado ao pensar como Aristóteles! Ou, pior ainda: cuidado com assumir o lugar do juiz e, desde aí, bater o martelo a favor ou contra alguma das versões! A verdade fala, mas é não-toda...

Certa ocasião, durante uma supervisão, enquanto conversava sobre situação semelhante com uma colega, tentei resolver as coisas dizendo-lhe que, na realidade, ambos, o pai e a mãe de seu jovem analisante, diziam *metade-mentira* e *metade-verdade*. A risada de minha interlocutora permitiu-me deduzir que compreendeu meu pequeno enigma. Nenhum analista que houvesse lido algo de Freud defenderia publicamente a preocupação pela concordância dos ditos com os fatos históricos, mas, em uma situação clínica em que esses foram questionados por ditos opostos ou bem diferentes, poderia cair na armadilha, ainda mais se tudo ocorre em um contexto em que os narradores das versões estão presentes e exigem um rápido *veredito*.

De uma segunda ideia, proponho deduzir um princípio de trabalho:

> Ao invés de rumar direto à meta, como o ordena racionalmente o método que inclui a diversidade dos casos sob sua generalidade, a torção parte, ao contrário, daquilo que cada situação apresenta como individual e singular para propor a escolha do ponto de vista (o ângulo de abordagem) sob (mediante) o qual nossa intervenção pode ter êxito, por ser o mais oportunamente adaptada.[27]

Nós, formados no mais clássico do pensamento ocidental, costumamos queixar-nos da desproporção (outra vez!) que existe entre o que estudamos na teoria (o que somos capazes de planejar e modelar) e o que ocorre na prática – ou seja, sua aplicação. Há um resto, uma perda inevitável na passagem da teoria à prática que sonhamos resolver a partir de *algo* que introduz o agente dessa passagem: prudência (*phrónesis* em Aristóteles), experiência ou, diretamente, *olfato* e talento (o que os gregos chamavam *metis*).

Porém, nossa prática nos confronta com uma situação especial porque nem sequer temos esse modelo. Ninguém escreveu um manual de clínica psicanalítica porque, justamente, é impossível fazê-lo. Nossa clínica inclui um real que torna impossível (no sentido lógico) planejar e modelar nosso modo de intervenção. Não é à toa que nosso quefazer questionou tanto a ciência e tem sido atacado sistematicamente, quase desde que existe, por seus cabeças mais eminentes!

Essa defasagem entre o planejamento e a aplicação da qual padecemos não é somente privilégio da psicanálise. Verifica-se, em primeiro lugar, no campo em que surgiu: o dos textos, alguns antiguíssimos, que tentaram teorizar a prática da guerra. Ainda que haja diversos tratados a respeito, consiste em uma prática que – como a psicanálise – também inclui um real, ao menos na época em que acontecia corpo a corpo: é impossível antecipar a relação que um soldado possa ter com o gozo de fazer-se matar. Se nunca pensaram nisso, convém, como sugere Colette Soler[28], reler *Henrique V*, de Shakespeare. Lacan retomou os termos de Karl von Clausewitz[29] – tática, estratégia e política – para ordenar parte de sua *Direção do tratamento e os princípios de seu poder* (1958), mas Clausewitz supunha que somente poder-se-ia ganhar a guerra com um golpe de gênio que rompesse qualquer planejamento prévio, qualquer modelização. É um caso curioso: um general prussiano escreve um livro sobre a teoria da guerra, cuja conclusão final é que se ganha rompendo com essa teoria através de uma inesperada ideia genial...

Mutatis mutantis, de modo algum, nosso dispositivo de presença de pais e parentes na clínica psicanalítica lacaniana com crianças poderia responder a um modelo prévio, a uma receita ou a um manual, porque, entre outros motivos, sua efetividade verificar-se-ia somente no momento de vulnerá-lo. Vamos à busca de alguma outra lógica para poder estender nossas reflexões a respeito, sem cair em contrassensos que nos empobreçam.

A clínica psicanalítica lacaniana com crianças

Talvez, chegando nesse ponto, algum leitor pergunte: por que se referir à teoria da guerra para iluminar nosso dispositivo de presença de pais e parentes na clínica psicanalítica com crianças? Por acaso entramos em guerra com os pais de nossos jovens analisantes? Obviamente não, mas todos já escutamos algum analista se queixar de que suas entrevistas com os pais e parentes de seus analisantes--crianças são "uma luta" ou "uma batalha". Se acrescentarmos que, no momento de formular o conceito de "dispositivo", Foucault o mantinha indissociável da circulação de forças e do funcionamento de mecanismos de poder, a referência soa mais coerente e deixa de ser um disparate.

Poderíamos tentar localizar em que situação estão os pais e/ou parentes de um potencial analisante-criança no momento em que nos procuram. Seu filho padece de um sintoma (muitas vezes recusado pelo saber médico) ou de uma conduta disfuncional. O saber popular e a apreensão intuitiva que a cultura realiza da psicanálise fez-lhes crer que são responsáveis por isso. Não têm ideia do que fazer para a remissão do sintoma ou para que a conduta mude. Tais inconvenientes de seu filho poderiam colocá-los em apuros frente a algum Outro valorizado na cultura (o exemplo clássico é a instituição escolar). O recurso à autoridade fracassou. Estão no último lugar em que queriam estar e o assunto vai lhes custar um dinheiro que muitas vezes seu plano de saúde não cobrirá. Seus estados afetivos oscilam entre a angústia, a cólera ou a impotência. O casal começa a rachar porque jogam na cara um do outro diversas responsabilidades pelo resultado. Tudo isso e muitos *et cetera* mais os levou a um psicanalista. Se não partimos dessa situação, se não consideramos o terreno no qual ela se organiza, se não prestamos atenção aos textos que configuram as posições discursivas a partir das quais se estabelece o assunto, ou o sujeito, do qual a criança participa, as resistências são nossas: dos analistas.

Ante um estado de coisas tal, as chaves estão dadas pelos termos "situação", "terreno" e "configuração". É ali de onde é possível deduzir a lógica de nossa intervenção. Retomemos, então, nossa referência chinesa.

Segundo François Jullien[30], nos dois textos mais importantes da cultura chinesa sobre as *Artes da guerra*, escritos por Sun Zi e Sun Bin...

> ...põe-se em evidência que duas das noções mais carregadas de sentido de seu pensamento estratégico não se apoiam na distinção que vimos entre modelização e aplicação, e que inclusive a ignoram. Trata-se, por um lado, da noção de "situação, configuração ou terreno" e, por outro, do que traduzirei por "potencial de situação".

A primeira ideia do parágrafo já é uma proposta: ignoremos o binário modelização/aplicação na hora de refletir sobre nosso dispositivo.

E, segunda ideia, justamente porque não está desenhado de antemão, porque não temos um modelo, uma receita, nem um procedimento preestabelecido, é que tem tanto valor a consideração da situação, do terreno e da configuração do assunto. Essa avaliação permitirá um modo de interpretação que não será comunicado aos nossos interlocutores, mas que será fundamental para o que se seguirá. Refiro-me à avaliação que tem por objetivo ler o "potencial de situação".

O potencial de situação é inicialmente um modo de indicar que não toda a iniciativa provém de nossa posição de analistas, "senão que na mesma situação há diversos fatores facilitadores sobre os quais posso me apoiar para me deixar levar por eles"[31]. Acrescento aqui que as artes marciais chinesas partem desse mesmo princípio: a força do golpe do adversário e, inclusive, seu desequilíbrio são utilizados contra ele mesmo. Se a mãe da criança é muito falastrona e tende a falar mais de si mesma do que da criança, se o pai se mostra reticente e chega inclusive a declarar que não crê muito na psicanálise... por que supor que isso seria um inconveniente? Podemos considerar que o desenvolvimento da posição discursiva materna nos facilitará o estudo e a construção da constelação familiar. Aceitar o relato paterno, pretendidamente objetivo e bem longínquo aos termos da psicanálise, poderia iluminar muito mais a posição da criança em questão do que um texto composto por jargões de um pai que se apresenta como "colega". Que sentido teria discutir com esse último para convencê-lo da utilidade da psicanálise? Quão forçado seria obrigar essa mãe a falar um pouco mais de seu filho do que de si mesma?

Se o casal parental insiste, além disso, em nos entregar a documentação relativa aos tratamentos anteriores ou à história da criança (informe escolares, exames médicos e avaliações diversas), por que não os aceitar? Que sentido teria recusar, em nome da pureza do dispositivo, toda essa história que percorreram dolorosamente? Cada página desses textos condensa uma parte do caminho que os conduziu até nós, não sem sofrimento. Por que fazê-los sentir que esses passos foram inúteis e que não os levaremos em conta? O ato de aceitá-los não quer dizer que os suponhamos depositários da verdade do caso, mas se são oferecidos é porque, de alguma maneira, são valorizados na situação da entrevista.

A ideia é clara: trata-se de explorar ao máximo o potencial da situação. É bastante óbvio que isso poderia ser desfavorável a nós, apresentando-se assim o caso em que devemos trabalhar para modificá-lo, fazendo com que o potencial volte a virar para o nosso lado. Aí é quando o analista deve ser *paciente* e não optar pelo caminho mais curto.

Lembro-me de um famoso médico-midiático com o qual, em certa ocasião, nos encontramos em meu consultório porque sua ex-esposa o havia obrigado a isso sob ameaça. Seu filho desenvolvera um sintoma que, se bem preocupava a ambos, somente ela estava disposta a levá-lo para análise. Esse homem se apresentou com todos os seus títulos e conquistas nos meios de comunicação. Para coroar sua introdução, lançou-me um: "eu não creio na psicanálise".

Frente a algo assim, os caminhos errôneos estavam claros: de nada serviria tentar a persuasão ou as explicações teóricas que fundamentam a efetividade de nossa *práxis*. Todo o problema radicava em como virar o potencial da situação para o meu lado. Nesse caso, não foi difícil. O primeiro que lhe respondi foi que eu não necessitava que ele acreditasse na psicanálise, que isso não era uma condição para desenvolver meu trabalho; o único que solicitava dele era que se encontrasse regularmente comigo para conversar um pouco sobre as coisas de seu filho, a fim de *equilibrar os excessos* no discurso de sua ex-mulher, mãe da criança. Ele aceitou sem protesto e com um sorriso, uma vez que se verificou, novamente, em minha resposta, a besteira funcional do dispositivo de presença de pais e parentes, sustentada na paixão pelo laço.

É tendência forte da subjetividade ocidental que, uma vez detectado o problema, deva-se solucioná-lo brevemente. Trata-se de atuar, de fazer, de decidir-se. O mais rápido possível! Esse formato somente pode resultar em uma ação torpe e forçada – que, apenas às vezes e ao acaso, pode dar certo. Porém, os processos em jogo para virar o potencial de situação para nosso lado nem sempre requerem ação. Em algumas circunstâncias, trata-se somente de esperar e de ser pacientes. Justamente por isso, exigem tempo. Jullien apresenta esse estado de coisas com uma bela figura:

> Enquanto o fruto não está maduro, favoreço a maturação sem forçá-la; mas quando amadurece e está a ponto de cair, somente tenho que recolhê-lo, não há maneira de se equivocar: a vitória, como foi dito, "não se desvia". Se

empreendo o combate quando já está ganho, ganho com total segurança, sem desgaste e sem resistência.[32]

A ideia de empreender o combate somente quando já está ganho é o que põe por terra a figura do herói épico (e do analista genial). O vencedor obteve sua vitória antes de iniciar o combate. Por isso, "do grande general, nada se pode elogiar, nem a grande sagacidade, nem a grande coragem"[33]. O triunfo previsto na estratégia chinesa não é vistoso em absoluto, mas discreto. O grande mérito é, justamente, a falta de mérito – ninguém se arriscou nem se expôs para obter a vitória. Por isso, "a grande vitória não se vê"[34]. É um bom motivo para não ficar bravo nem se sentir menosprezado quando, na feliz ocasião de comentar a remissão sintomática, os pais ou parentes de uma criança não conseguem localizar com clareza se a mudança foi devida ao tratamento analítico ou, simplesmente, ao crescimento de seu filho!

No entanto, somos sujeitos ocidentais, efeitos da ciência e temos nossas limitações narcisistas. À continuação, uma vez mais, faço minhas as palavras de François Jullien:

> (...) encontrei vários psiquiatras que me disseram: se é certo que somente essas transformações silenciosas fazem com que as coisas efetivamente se movam a longo prazo e resultem benéficas, custa muito, porém, fazê-las comprováveis e, por fim, que possam ser retribuídas. É mais cômodo faturar "ações" médicas que são contabilizáveis, porque têm um início e um fim assinalados, porque se veem e se somam e remetem à iniciativa de um sujeito (agente), que se supõe de bom grado seu autor. (...) Quero lhe pagar um "ato", uma sessão, os três quartos de hora que

transcorreram e a eletricidade consumida para aquecer o cômodo... Mas, posso lhe pagar uma "transformação silenciosa"?[35]

Algo dessa ideia ressoa na ironia lacaniana, quando, em 1977, em Bruxelas[36], falou da nossa tarefa como a "estafa psicanalítica". Isso, provavelmente, também queira dizer que estafamos a certa intuição comum, ocidental e científica, a favor de um tipo de tarefa mais comprometido com as transformações silenciosas.

Outra vez, a influência

Ressoa em mim, outra vez, a indicação freudiana de sua *Conferência 34*, na qual sugere que "muitas vezes é necessária determinada dose de influência analítica junto aos pais"[37]. De fato, construí toda a lógica do que resolvi chamar dispositivo de presença de pais e parentes na clínica psicanalítica lacaniana com crianças como marco para esse processo de influência, mas não havia conseguido dizer quase nada sobre ele. Talvez porque me aconteceu a mesma coisa que a Freud – ao menos, segundo a leitura de Jullien. Não sei se será possível ser muito preciso a respeito, mas, atualmente, conto com maiores possibilidades de ilustrar esse processo. A primeira via surge de opor a influência à persuasão: persuadir não é influenciar. Diferentemente da cultura grega, a chinesa não desenvolveu nem conheceu a figura do orador nem do retórico – nem sequer desenvolveu a retórica como disciplina da persuasão. "Como o expressa um dos seus mais antigos fundamentos literários, melhor conceber a palavra à imagem do vento"[38]. Assim como o vento passa imperceptivelmente entre a erva e essa se inclina, ou a penetra em suas mínimas fissuras, modificando a paisagem em sua totalidade, as palavras comovem as posições subjetivas. Como propunha Jullien:

> A influência é o modo mais apurado — também o mais difícil de esquivar — da obliquidade. Não é frontal, mas sua disseminação a expande por todos os lados (...). Portanto, não é direta, senão discreta: não se pode fazer-lhe frente porque é ambiental. Não se pode refutar — contradizer — uma influência. (...) Difusa, não se deixa isolar. (...) A influência não é da ordem da presença, senão da "pregnância". Seu selo próprio, que constitui sua capacidade, é ser infiltradora, insinuante, que penetra por todas as partes sem alterar e, por conseguinte, sem que se a advirta.[39]

A influência é apresentada como um fenômeno do qual é difícil ou até impossível se defender. Não se pode fazer-lhe frente, não se pode refutá-la nem contradizer, não é isolável e, por isso, quem é afetado desconhece que o processo está sendo levado adiante. A persuasão, contrariamente, exige um consentimento deliberado. Essa pregnância que Jullien descreve costuma ser ilustrada com a figura do vento que se infiltra, muitas vezes, inclusive, sem alterar o lugar por onde passa. Como afirma Lao Tsé na obra fundamental da filosofia chinesa, "não tem propósito e, por isso, cumpre de modo admirável todos seus propósitos"[40]. Qual seria o propósito do vento?

Da mesma forma, e ainda que Freud atribua um objetivo ao que denomina influência psicanalítica, o processo é

Na clínica psicanalítica com crianças também não há proporção sexual

levado adiante sem domínio e sem defesa, entregando, a cada tanto, uma prova de sua eficácia. Por isso, o analista não é o mestre da influência, senão que – ao modo da relação que o sábio chinês estabelece com o Tao – *harmoniza* sua posição no processo, em princípio, não o obstaculizando. Conhecemos muito bem as advertências de Freud e suas tentativas para fazer desaparecer o eu do analista, cristalizadas finalmente na ideia lacaniana de que as únicas resistências na análise são as do próprio analista. Eis que, curiosamente, nossa reflexão deu a volta e nos levou, novamente, aos desenvolvimentos do capítulo anterior...

3

O irredutível de uma transmissão

A função de resíduo exercida (e, ao mesmo tempo, mantida) pela família conjugal na evolução das sociedades destaca a irredutibilidade de uma transmissão – que é de outra ordem que não a da vida segundo as satisfações das necessidades...

Jacques Lacan, Nota sobre a criança (1967)

O insuportável da linguagem como causa

HÁ UM TEMA ATUAL QUE, de alguma maneira, não é outra coisa senão a antiga batalha acerca da concepção do sujeito e da doença. Refiro-me concretamente à discussão em torno do autismo infantil, a qual favorece a abordagem dessa patologia pela técnica cognitivo-comportamental em detrimento da psicanálise. Ou melhor: não é só em detrimento, mas também na direção de proibir que tais casos sejam abordados a partir da perspectiva psicanalítica ou, o que é semelhante, por psicanalistas.

O assunto se propagou e, rapidamente, já contamos com uma profusa bibliografia a respeito – excessiva talvez para realizar aqui um levantamento, supondo que fosse essa minha intenção. Não obstante, interessa-me refletir sobre isso ter se tornado um problema na atualidade, mas que, em outras épocas, se apresentou de modos diversos. Oferecerei, com o objetivo de disparar a reflexão, uma breve vinheta clínica.

Faz algum tempo, recebi os pais de um menino que, segundo disseram, apresentava comportamentos caracterizados por eles como estranhos: repetia o que diziam, explodia em ataques violentos ante o surgimento de algum limite, tirava a roupa em qualquer situação social, não atingia os objetivos escolares e tinha dificuldade para se situar no tempo e no espaço. Após um período de entrevistas com os pais e com o menino, dei uma devolutiva do que foi trabalhado e lhes informei o diagnóstico. Era um diagnóstico delicado e o fiz com muito cuidado, explicando que se tratava de certa dificuldade na estrutura simbólica que organizava a vida do garoto.

Sua mãe, visivelmente angustiada, interrogou-me sobre como um estado assim poderia ter se produzido e, fundamentalmente, se eles tinham alguma responsabilidade nisso. A pergunta final, e talvez a mais difícil para ela, foi: "o que fizemos de errado?".

Cabe destacar que, independente dos anos de prática e experiência que se possa ter como psicanalista, essas situações, a cada vez, põem à prova nossa posição e nos obrigam a elaborar alguma resposta que seja aceitável, coerente e, inclusive, lógica. Serei franco a respeito e contarei o que lhe disse. Trata-se de uma resposta improvisada, apressada, teoricamente incorreta, mas que, nessa situação, era necessária. Apesar de todas essas limitações, creio que permitiu dar continuidade à tarefa. Eis aqui minha resposta:

> Vivemos em um mundo de linguagem e esse mundo nos preexiste. A família é a encarregada de realizar a transmissão desse mundo, mas a transmissão pode falhar... Alguma vez vocês já copiaram um CD? Copiar um

O irredutível de uma transmissão

CD é realizar uma série de manobras para transmitir certa informação de um suporte a outro: colocamos o CD original no computador, um programa captura a informação e a inscreve em um arquivo temporário. Em seguida, tiramos o CD original e colocamos o CD novo, para inscrever nele a informação obtida... Bom, podemos fazer esse procedimento (que leva seu tempo) de modo correto, inclusive cuidadoso. Mas a cópia pode falhar. O que fizemos de errado? Nada. Existe um fator impossível de estabelecer que interveio afetando o processo.

Essa resposta provocou dois efeitos. O primeiro foi importante porque nos permitiu continuar falando: produziu calma. O segundo foi, para mim, inesperado, pois permitiu que a mãe daquele que logo seria meu pequeno analisante voltasse a falar. Disse-me:

– O que você falou é insuportável para mim... Preferia que me dissesse que meu filho tinha um tumor ou algo no corpo, algo concreto.

O argumento me pareceu surpreendente. Não creio que haja muito que escolher entre as duas possibilidades, mas... por que preferir um tumor? Sabemos bem para onde conduz a cadeia associativa que começa com esse significante. Por que é tão insuportável situar a linguagem como causa? Como é entendida habitualmente a linguagem para supor que se trata de algo abstrato ou, como insinuava essa mãe, não concreto? Essa suposição é negada pela experiência mais simples e se estende a qualquer sujeito humano falante: uma palavra (ou várias, dá no mesmo) pode produzir muitíssimos efeitos. A linguagem nos afeta terrível e notavelmente. Chama muito a atenção quando alguém se mantém imune às palavras de outro porque... é muito difícil não reagir! A palavra nos acalma ou nos irrita, nos produz afetos e nos move ou não à ação. É preciso dizer que grande parte de nossas respostas afetivas como o amor, o ódio, a vergonha, a cólera e tantas outras podem ser causadas com apenas um par de palavras. Quantas vezes uma palavra está na causa de uma bofetada ou, inclusive, de uma surra...

Mas, se ainda assim alguém duvidar da imbricação que têm os afetos com o corpo, convém um exemplo ainda mais concreto. É conhecido o impacto que uma palavra pode ter sobre certos órgãos do corpo no momento do ato sexual, a ponto de convertê-lo em algo sublime ou estropiá-lo, no sentido mais físico do termo. Não é preciso saber muito de psicanálise para pensar esse fenômeno, já que a linguagem participa do ato sexual tanto como qualquer órgão, ou até mais.

Linguagem *versus* Programa

A lógica da vida (1970), de François Jacob, é um livro muito interessante que tem como subtítulo "Uma história da hereditariedade". Jacob não é um autor qualquer: em 1958, ganhou, junto a Jacques Monod e André Lwoff, o Prêmio Nobel de Medicina por suas pesquisas a respeito dos mecanismos de transmissão da informação genética. Seus aportes à noção de "programa genético" são muito interessantes para contrastá-los com nossas reflexões anteriores. Segundo sua perspectiva, qualquer organismo vivo tem como objetivo final a realização de um programa genético codificado através da herança. Tal objetivo consiste em "preparar para a geração seguinte um programa idêntico. É reproduzir-se"[1]. Jacob insiste em certo caráter invariável desse propósito biológico. A respeito, afirma que "não foi concebido por inteligência alguma"[2], que essa mensagem biológica da heteridade "não permite intervenção alguma do exterior"[3], para concluir que, "em um ser vivo, tudo está organizado tendo em vista a reprodução"[4].

Essas afirmações, contudo, podem somente ser consideradas válidas para qualquer organismo vivo *no estado da natureza*. Ao introduzir a dimensão da cultura, verifica-se que as coisas não acontecem tal qual propõe Jacob. Encontramo-nos então com a potência da linguagem — termo que poderíamos perfeitamente sobrepor ao de "cultura", ao menos no contexto de nossa análise — como a causa de uma alteração, inclusive, do programa genético.

Observemos, em primeiro lugar, o efeito da linguagem nos animais chamados domésticos — estado de coisas que poderíamos traduzir como introdução desses animais na cultura. Creio que, justamente, se trata dos mais afetados pela linguagem. Se o programa genético tem por objetivo a replicação da espécie, é notável o impacto que a cultura doméstica produz em tal propósito ao perturbar o ciclo reprodutivo. Basta introduzir qualquer animal no mundo da linguagem (e esse é um problema dos animais selvagens que estão em cativeiro) para que o ciclo se altere e a época do cio seja perdida. Assim, encontramos animaizinhos em cio permanente, atacando os travesseiros, bichos de pelúcia da casa e, por que não, as pernas das visitas. Há também animais que perdem a conduta reprodutiva e, mesmo que sejam estimulados a copular, não o fazem.

Em segundo lugar, e a modo de corolário do parágrafo anterior, proponho apostar no valor dos efeitos da linguagem sobre o ser humano. Esses efeitos poderiam se apresentar inicialmente como perturbações das funções biológicas do organismo, tal qual se compreendem a partir da noção de Programa que evocamos. Nessa concepção, a meta reprodutiva exigida se articula com uma condição vital para o organismo vivo: o intercâmbio energético com o meio. Curiosamente, ambas são atacadas de modo direto pela estrutura da linguagem. Os efeitos dessa última sobre o mandato reprodutivo são muito evidentes. A noção de sexualidade apresentada no século passado por Freud é o nome que funciona como marco para essa brecha. O sujeito humano falante habita uma sexualidade que não se esgota na reprodução. Sua disposição perverso-polimorfa a leva por caminhos que, entre outros, desembocam em objetos do mesmo sexo e em vias que, de modo algum, poderiam conduzir a fins reprodutivos. Além disso, em seu funcionamento tão particular, a sexualidade humana está longe de se manifestar somente na época do cio. "De todos os mamíferos, o homem é o único que, de acordo com uma fórmula tradicional (à qual não havia se dado a devida importância), pode fazer amor em todas as estações do ano"[5]. Essa observação permite perceber que algo do ciclo biológico pretendidamente natural é modificado com a entrada na linguagem, o que se pode verificar prestando atenção aos modos de intercâmbio de energia com o meio.

O intercâmbio energético com o meio supõe a alimentação, a excreção e os ciclos de atividade e repouso. O programa genético estipula que qualquer organismo vivo retire do meio, em uma espécie de proporcionalidade instintiva, o necessário para garantir sua subsistência via alimentação. Nenhum animal em estado selvagem come nem a mais nem a menos do que necessita. Entretanto, no mundo da linguagem, tal proporcionalidade se vê alterada. Encontramos um leque de fenômenos que vai desde o empanturramento até a ausência de apetite por causa de tristeza, chegando aos conhecidos transtornos alimentares como a bulimia e a anorexia nervosas. Algo similar ocorre com a eliminação dos dejetos, a qual se produz regularmente nos animais selvagens, mas é suscetível de educação e transtornos para os sujeitos humanos falantes que habitam a cultura. Note-se aqui a importância de ambos os fatores. Em primeiro lugar, a educação exige, em certas ocasiões, adiar a conduta excretora – ao menos, até que seja possível empreendê-la no lugar adequado. Devido, justamente, à demanda que recebem da linguagem, tais condutas podem ser afetadas de modo patológico, como a enurese ou a encoprese.

Contudo, quando esses efeitos da linguagem aparecem bem localizados em funções do corpo, é mais difícil admiti-los. Lacan dizia que o sintoma somático garante certo desconhecimento da função da linguagem como causa e da articulação que esse mantém com a verdade do sujeito (ou do assunto)[6]. Em nossos dias, essa garantia se beneficia de que é fácil considerar o corpo como causa de um sintoma sem Outro. Isso não só pelo impulso e avanço das neurociências e das diversas influências recebidas da biologia, mas também pela política de certa psicanálise que situou o corpo como um lugar prévio à linguagem, sede da pulsão de morte ou de um gozo primário, mais próximo às ideias de Melanie Klein do que de Jacques Lacan. Nenhum psicanalista, porém, se atreveria a desafiar uma ideia simples, mas potente, sugerida por Freud e entronizada por Lacan: a preexistência do Outro converte o sujeito da necessidade em um construto mítico, e não há temporalidade alguma que transcorra o sujeito humano sem se encontrar já atravessado pela linguagem. Talvez, por isso, quando uma criança pequena tem somente suas necessidades físicas assistidas, mas lhe falta o estímulo da linguagem, morre. Embora seja essa uma figura forte, a satisfação da necessidade biológica não basta para manter o corpo vivo. É preciso ingressar no mundo humano através da demanda do Outro, intervenção chave para abrir a porta ao desejo.

Transmitir

Em seu artigo sobre *Os complexos familiares na formação do indivíduo* (1938), Lacan propõe duas ideias que retomo para orientar o que virá a seguir. A primeira é que a família desempenha papel primordial na transmissão da cultura – observe-se que aqui se faz presente o termo "transmissão". A segunda, que a família estabelece entre as gerações uma continuidade psíquica cuja causalidade é de ordem mental.

Se considerarmos que o próprio Lacan afirma que seu ensino começa em 1953 e que o texto em questão é de 1938, podemos asseverar que se trata de um texto muito inicial. Lacan é um psiquiatra jovem e fala da ordem mental para dar conta do modo de transmissão entre as gerações. Essa ordem mental é uma forma de marcar posição: trata-se de se diferenciar da ideia de uma possível "ordem biológica", inclinando a balança para o lado contrário ao de uma suposta herança filogenética. Se na grande revisão de 1966, na qual reescreveu parágrafos inteiros de praticamente todos os seus *Escritos*, Lacan tivesse corrigido o texto *Os complexos familiares na formação do indivíduo*, certamente teria substituído o significante "ordem mental" por "ordem simbólica". É uma hipótese pessoal, mas a considero bastante plausível.

Para continuar, podemos articular as duas ideias: a família transmite a cultura, estabelecendo uma continuidade geracional de ordem simbólica. Há um modo mediante o qual algo passa de uma geração à outra, mas não através do DNA, nem de nada da ordem biológica. Deve ficar claro que nós, psicanalistas, não negamos a transmissão filogenética própria dos seres vivos, necessária para garantir o fenômeno da vida. Tal processo, porém, não tem nada a ver com a psicanálise, posto que transmite outra coisa e se produz também nos reinos animal e vegetal.

Lacan fala da transmissão da cultura. Vamos nos deter um momento nesse termo. Do que falamos quando falamos de cultura? Talvez pudéssemos elucidar suas características a partir de uma tríade muito conhecida: natureza, sociedade e cultura.

O estado de natureza é o mais simples de explicar: é um estado sem linguagem, sem ordem simbólica. Nesse estado, o significante não funciona e, portanto, não está presente a dimensão do equívoco. Entretanto, existe ali comunicação, uma comunicação genética que pode ser falha (a cópia do DNA pode falhar, ocorrem mutações genéticas). A ausência da ordem simbólica e de seus efeitos permitem que, no mundo natural, reine o instinto, o qual determina comportamentos cíclicos que sustentam o programa genético para a replicação da espécie. Em síntese, há proporção sexual na natureza.

Há, pois, comunicação animal e é justamente por isso que algumas espécies – não necessariamente domesticadas ou domesticáveis – constituem sociedade. Contamos com um texto muito conhecido a respeito, o célebre artigo de Émile Benveniste intitulado *Comunicação animal e linguagem humana*[7], no qual explica e analisa certo modo de comunicação das abelhas mediante uma dança. Cito-o:

> [as abelhas] têm aptidões de trocar verdadeiras mensagens. A atenção dos observadores dirigiu-se particularmente para a maneira pela qual as abelhas são avisadas quando uma dentre elas descobre uma fonte de alimento (...). A abelha volta depois à sua colmeia (...) depois, seguida de suas companheiras, executa danças. É este o momento essencial do processo e o próprio ato da comunicação.[8]

Segundo as observações dos etólogos, a abelha que retorna à colmeia informa ao grupo, por meio de uma dança composta por formas circulares e oitos, onde está a fonte de alimento. Os estudiosos do assunto conseguiram identificar que, nessa dança, a abelha-bailarina comunica com precisão três dados: a existência de uma fonte de alimento, sua distância em relação à colmeia e sua direção.

O irredutível de uma transmissão

Comecemos situando algumas características desse fenômeno que o próprio Benveniste estabelece no texto. Em primeiro lugar, o ato comunicacional da dança é visual (imaginário, diríamos). Não há voz em jogo. Em segundo lugar, não há diálogo entre as partes: a dança da abelha-bailarina responde a uma conduta motora. Em terceiro lugar, toda a situação se refere a dados objetivos e, finalmente, Benveniste acrescenta que somente respondem à dança as abelhas que podem vê-la. Portanto, não há mensagem da mensagem, ou seja, uma abelha que viu a dança não pode transmiti-la a outra que não a viu. Trata-se de um fenômeno de comunicação. Mas então por que um fenômeno de comunicação não basta para constituir uma cultura? Quais são as limitações da abelha-bailarina? O que ela não consegue fazer?

Se refletirmos agora a partir de uma perspectiva mais psicanalítica, podemos afirmar que a abelha-bailarina não consegue mentir. Não consegue fazer uma dança, digamos, falsa para que toda a colmeia reaja e saia em busca de uma fonte de alimento que não existe. A dança, por sua vez, também não pode produzir equívoco, não pode parecer confusa para as demais abelhas que a observam, não admite mais de uma interpretação – a interpretação válida está codificada geneticamente. Menos ainda pode mentir dizendo a verdade. Lacan afirma que essa é a prova da existência do sujeito: "Mas está claro que a Fala só começa com a passagem do fingimento à ordem do significante, e que o significante exige outro lugar – o lugar do Outro, o Outro-testemunha, o testemunho Outro que não qualquer de seus parceiros – para que a Fala que ele sustenta possa mentir, isto é, colocar-se como Verdade"[9]. Mentir dizendo a verdade[10]. Finalmente, se encontrou uma fonte de alimento, a abelha-bailarina também não pode tomar a decisão de não comunicar à colmeia com sua dança – o que consiste em afirmar que ela não pode guardar segredo de sua descoberta.

Depois desse rodeio, reafirmamos que a função da família consiste em transmitir uma ordem simbólica própria à cultura. Trata-se de uma ordem significante, na qual esse pode ser usado para mentir, guardar silêncio, transmitir um segredo, algo não dito e, até mesmo, produzir equívoco. No extremo dessa ordem simbólica, a prova de existência do sujeito é a possibilidade de mentir dizendo a verdade. Isso é o que nenhuma abelha, ou melhor, nenhum animal consegue fazer e, por isso, constitui o fundamento da cultura – em que, obviamente, o significante introduzirá a desproporção.

Um desejo que não seja anônimo

Esclarecidos esses termos, retomo a ideia essencial: a família desempenha papel central, de destaque, na transmissão da cultura, entendida como uma ordem simbólica significante. Estabelece, além disso, uma continuidade entre as gerações. Podemos, agora, dar mais um passo a partir de uma pergunta: por acaso, pode a família não transmitir? Trata-se de uma pergunta que ficou sem resposta nesse escrito tão inicial de Lacan.

Entretanto, o tema é retomado muitos anos depois, em 1969, em um texto muito breve, Nota sobre a criança, mas que condensa ideias extremamente importantes para orientar nosso quefazer clínico com crianças. Apesar de ser uma frase bastante conhecida, cito-a para usar como disparador do que se seguirá:

> A função de resíduo exercida (e, ao mesmo tempo, mantida) pela família conjugal na evolução das sociedades destaca a irredutibilidade de uma transmissão – que é de outra ordem que não a da vida segundo as satisfações das necessidades, mas é de uma constituição subjetiva, implicando a relação com um desejo que não seja anônimo.[11]

Lacan afirma "o irredutível de uma transmissão", ou seja, que a transmissão é irredutível. Não há maneira de reduzi-la e, portanto, se é impossível, responde ao modo lógico do real. *A transmissão é um real da família*. Entende-se, então, que, se o que se transmite é um real da família, é impossível eliminá-lo ou capturá-lo por completo – algo sempre nos escapa. Sempre giramos em torno disso tentando capturar algo, mas, por algum lado, escapa. Lacan não mostra vacilação alguma a respeito do tipo de transmissão em jogo e se encarrega de diferenciá-la da "ordem da vida segundo as satisfações das necessidades" – o termo que utiliza aqui é *besoins* e, por isso, convém esclarecer que tais necessidades são biológicas (há, em francês, outro termo para indicar as necessidades lógicas, *nécessité*). A transmissão de que falamos não tem nada a ver com o que a vida transmite no sentido biológico (programa, herança genética, DNA, entre outros), mas sim com "uma constituição subjetiva", isto é, aponta a constituir um sujeito. Mas, isso não é tudo, dado que tal transmissão "implica a relação com um desejo que não seja anônimo". Essa é uma expressão muito conhecida, muito repetida, porém difícil de esclarecer, difícil de desenvolver. O que quer dizer Lacan quando se refere a um desejo que não seja anônimo? Por que afirma que esse desejo que anima o processo de transmissão, que o mediatiza, não deve ser anônimo? A primeira reflexão é que Lacan afirma que esse desejo não deve ser anônimo porque poderia sê-lo. Poderia não transmitir algo. *A transmissão é irredutível, mas o desejo que a anima pode ou não ser anônimo*. Essa diferença, por certo, ocasionará diversos efeitos no que se refere à constituição subjetiva, que, definitivamente, é o resultado final do processo de transmissão. Para poder compreender essa diferença, é preciso esclarecer o que significa "um desejo que não seja anônimo".

Utilizarei um recurso um pouco chato, mas que pode esclarecer nosso objetivo: o dicionário. Claro que, nesse caso, recorrerei ao Dicionário Grand Robert[12] da língua francesa. Há um tempo, descobri que Lacan utilizava termos em sua terceira ou quarta acepção, ignorando inclusive a mais favorecida pelo uso. Devemos considerar também que, por mais transparentes que sejam, como nesse caso, as palavras nem sempre têm os mesmos significados e conotações em idiomas diferentes. Com esses dois argumentos, mais ou menos sólidos, justifico o recurso ao dicionário. Vejamos então que ressonâncias produz o termo *anonyme* em francês.

Primeiramente, seu uso como adjetivo — tal qual foi empregado na frase em questão, apesar de o dicionário também propor um valor como substantivo – que admite três grupos de definições. O primeiro grupo dessas definições se articula ao problema do nome: remete a pessoas ou a obras pessoais cujo nome é ignorado ou ocultado. Os exemplos desse grupo são o autor anônimo, o panfleto anônimo e os Alcoólicos Anônimos. Mas, se nos aprofundarmos nesse primeiro grupo de definições, a coisa ficará mais interessante porque associa o termo à ideia de algo 'neutro que nada distingue de seus semelhantes' e que é utilizado para qualificar um conjunto ou grupo 'cujos indivíduos não estão identificados'.

O segundo grupo não acrescenta muito a respeito. O terceiro, porém, introduz os seguintes sentidos figurados: 'falta de originalidade pessoal, que não se distingue de outros indivíduos do mesmo tipo'.

Assim, se prestarmos atenção a esses valores, notaremos que o termo tende àquilo que não se distingue. 'Anônimo' é o que não faz diferença, o que não é suscetível de ser identificado nem particularizado. Posso ampliar um pouco mais a ideia dizendo que, por exemplo, um livro anônimo poderia ter sido escrito por qualquer pessoa porque, justamente, foi apagada a marca, a assinatura, de seu autor.

Podemos agora retomar a frase de Lacan e convertê-la em algo mais acessível. Esse "desejo que não seja anônimo" pode ser lido como um desejo que produza distinção – enquanto um desejo anônimo não a produz. O que produz distinção senão o significante? Um significante é pura distinção, pura diferença em relação a outro significante. Ademais, o significante veicula o desejo.

Tentarei reconstruir a ideia que perseguimos: a transmissão é obra, função da família e, como tal, é irredutível

— não há como eliminá-la. Algo se transmite mesmo que alguém seja arrancado de sua família de origem. Um exemplo disso são os netos da ditadura argentina que foram encontrados: quase todos eles, em algum momento, se deram conta de que algo vinha de outro lugar. Não podemos não acreditar em tais testemunhos. É uma experiência muito densa na Argentina e é muito sério o que está em jogo. Bom, isso que se transmite é mediatizado por um desejo. A questão é que esse desejo pode ou não levar a marca do Outro, pode produzir ou introduzir uma diferença, pode ser ou não neutro — observem que, ao tratá-lo assim, podemos inclusive evitar o problema do nome, ao menos no sentido mais comum do termo (digo isso porque, em Lacan, no período de tempo entre os seminários *A Identificação* e *Problemas cruciais da psicanálise*, há uma teoria do nome próprio. Não se trata do nome escrito em nosso documento de identidade, mas de outra coisa. Não irei abordar isso agora, mas vale a pena estudar essa teoria.). Desse modo, há transmissão porque é irredutível. O problema é qual tipo de desejo a anima.

Destaco essa possível leitura porque a mais habitual e intuitiva é outra, a que tende a acentuar o problema do desejo não anônimo no sujeito mais do que no Outro. Creio que é preciso dar volta a essa lógica: o desejo sobre o qual Lacan adverte que não deve ser anônimo é o desejo do Outro, desejo que veicula, que mediatiza o irredutível da transmissão da ordem simbólica, da linguagem ou, se me permitem, da cultura. Esse é o desejo que nos constitui como sujeitos humanos falantes. Claro que as posições subjetivas podem ser diferentes, justamente como resposta do sujeito ao tipo de desejo que intervenha na operação.

Esse processo de transmissão se produz numa espacialidade muito particular, que poderíamos qualificar de intermediária entre o sujeito e o Outro. Lacan utilizou o termo francês *immixtion*[13]. Trata-se de uma maneira de misturar componentes de modo tal que seja impossível separá-los novamente nos componentes originais. Lacan, em sua conferência em Baltimore, utiliza essa expressão para abordar a relação do sujeito com o Outro. A ideia supõe estabelecer que há um ponto dessa relação em que é impossível saber se se trata do sujeito ou do Outro.

Assim, a transmissão se leva a cabo num espaço de *immixtion*. Isso contrasta com a lógica da comunicação, na qual é mais fácil estabelecer o que é do emissor e o que é do receptor. Esses fenômenos, que ocorrem em *immixtion* e aos quais é impossível ter acesso em tempo real, somente são suscetíveis de ser construídos ou analisados, como propunha Lacan, em futuro anterior. Ou seja, poderemos, no máximo, conjecturar que o fenômeno "terá sido" dessa ou daquela maneira.

Vamos sair um pouco da psicanálise, penso que é necessário. O tempo todo falamos da transmissão da psicanálise, mesmo que Lacan a tenha renegado a favor da reinvenção. Talvez, o que apresentarei a seguir, nos ajude a pensar também nos problemas que ocasiona a transmissão da psicanálise.

Outra vez, transmitir...

Das diversas fontes para estudar o processo de transmissão, uma das mais interessantes é o livro de Régis Debray, de 1997, intitulado, precisamente, *Trasmitir*. Debray, que também tem um livro chamado *Introdução à mediologia* (1999), estuda os meios, mas não de comunicação, e sim de transmissão. O par significante que aqui está presente o tempo todo – e que eu o antecipei algumas linhas acima, porém de outra maneira – é composto pelos termos comunicação e transmissão. A comunicação é um processo de transporte no espaço, já a transmissão é um transporte no tempo. Ambos os transportes ocorrem em diversas temporalidades. A comunicação "é pontual ou sincronizante – trata-se de uma trama: uma rede de comunicação religa, sobretudo contemporâneos – um emissor a um receptor, presentes nas duas extremidades da linha"[14].

Debray propõe a transmissão como um processo que supõe uma temporalidade diacrônica, ou seja, que requer tempo, não é instantânea. Isso põe por terra as ideias intuitivas que levam a crer que um episódio pontual possa ser efetivo na transmissão: "Um dia, quando estava grávida, pensei que era um erro... isso pode ter afetado meu filho?". As coisas não funcionam assim. É preciso tempo e, às vezes, muito. Claro que é impossível estabelecer quando começa e quando termina tal processo – parafraseando Cooper, Lacan dizia que era preciso o trabalho de três gerações para produzir uma criança psicótica, mas não dizia se eram três gerações contínuas ou afastadas no tempo. A transmissão não se reduz a uma passagem de informação,

O irredutível de uma transmissão

de um conteúdo (ou vários), não é somente uma trama, um texto, mas, como afirma Debray, também "um drama – ela estabelece ligação entre os vivos e os mortos, quase sempre na ausência física dos 'emissores'"[15]. Então, o que veicula a transmissão é um texto, e algo mais: um *agón*, um *pathos*, um sofrimento, um padecimento. Os afetos que esse texto produz e mobiliza formam um texto mais. Podemos fazer uma comparação com o libreto de qualquer obra teatral que, ao ser posta em cena, é muito mais que um texto, já que inclui as didascálias. Penso no que perdemos ao ler os seminários de Lacan. Seria interessante, escutando os áudios, recuperar, ao menos parcialmente, os silêncios, as interjeições, os tons, as melodias... O ideal teria sido uma edição que os incluísse. Tudo isso nos permite pensar que o seminário era, sem dúvida, uma trama – que é o que se recolhe nas edições dos seminários em forma de livro – mas também um drama, uma encenação que, inevitavelmente, afetaria de modo inexorável a compreensão e a escuta. O próprio Lacan, em Caracas, se mostrou surpreso por existir tanta gente que não entrou em contato com esse drama.

Há também algo da relação entre os mortos e os vivos que, de certa maneira, se incorpora no processo de transmissão, porque a transmissão prolonga aquilo que a comunicação abrevia. É justamente por isso que se articula bem com a noção de sujeito da psicanálise, pois "ao horizonte individualista da comunicação (...) opõe-se, em nossa opinião, a natureza militante e sofredora de toda transmissão"[16]. A transmissão não é somente um processo entre indivíduos, mas entre os nós que compõem uma rede, sendo essa rede o sujeito ou assunto do qual participam várias pessoas. Justamente por isso, não é um espaço, digamos, pacífico: está em conflito constante. Ali não há lugar para tudo o que tem que passar, para tudo o que se deve transmitir.

E o que é isso que se transmite? Debray o escreve com precisão:

> A transmissão opera como corpo (...) para fazer passar de ontem para hoje o corpus de conhecimentos, valores ou experiências que, através de múltiplas idas--e-voltas, consolida a identidade de um grupo estável (...). Transmite-se o fogo sagrado, o capital – a começar pelo pecado – o patrimônio, os grandes segredos (...). Aqueles cuja preservação confere a uma comunidade a sua razão de ser e de esperar. Aqueles cuja revelação não se faz às pressas, mas para os quais se procede a uma iniciação, por etapas, com o coração e a mente. (...) Para fazer comunicação basta suscitar o interesse. Para transmitir bem, importa transformar, para não dizer converter.[17]

A transmissão opera sobre corpos físicos, mas também sobre corpos institucionais, culturais. Em seguida, o autor faz um breve inventário do que se transmite – há algo nesse inventário que ganha destaque da falta ou da dívida, tal como a entendemos na psicanálise lacaniana. Finalmente, no parágrafo, aparece uma ideia muito interessante, que supõe o processo todo da transmissão como um processo que transforma, que molda, que produz efeitos sobre o sujeito.

Mas, ainda há um resto, uma pergunta que nosso desenvolvimento até aqui não respondeu: existe algum mestre dessa transmissão? Algo ou alguém a domina?

O irredutível de uma transmissão

Em seu livro, Lacan, o inconsciente reinventado (2009), Colette Soler, a partir da releitura da conferência sobre o sintoma que Lacan pronunciou em Genebra, em 1975, retoma o problema da transmissão da estrutura da linguagem. A posição de Lacan traz um elemento a mais a nosso desenvolvimento, já que nos conduz diretamente à noção de inconsciente nas seguintes palavras: "(...) o inconsciente (...) é a maneira que teve o sujeito (...) de estar impregnado, poderíamos dizer, pela linguagem"[18]. Colette Soler acentua a diferença entre a impregnação e o aprendizado desta forma: "o termo [refere-se à impregnação] exclui o domínio, a apropriação ativa, a discriminação"[19]. Não há como planejar a transmissão, não há como dominá-la, garanti-la. Não existe tratado algum, nem manual, que possa ensinar a transmitir a cultura, a produzir um filho são, normal. No melhor dos casos, isso pode estar sempre presente como um anseio. Claro que o mercado captou faz tempo que se reclama por esse domínio, que há pessoas perguntando como se faz isso corretamente. Então, responde com os mais variados tipos de gurus e publicações que pretendem ensinar a melhor maneira de se converter em agente de uma transmissão certeira, segura.

Colette Soler introduz mais um elemento ao problema. Essa transmissão não pode ser garantida porque ocorre ao capricho de certa "contingência irredutível. Há também uma *tiquê* na maneira de ouvir, que, aliás, limita muito a responsabilidade dos pais/parentes para com os filhos"[20]. Isso é curioso porque há uma tendência, talvez intuitiva, de considerar os pais responsáveis pelo destino e pela estrutura clínica de seus filhos. Isso é tão ridículo quanto supor que poderiam ter dominado o processo para garantir ou evitar certo desenlace. Dominar a transmissão é impossível e "faz o ideal do educador tanto quanto o drama e a impotência dos pais/parentes"[21]. A contingência e a *tiquê* são dois nomes do acaso, elemento que participa do processo de transmissão, e o tornam impossível de antecipar, de calcular e de dominar[22].

Acredito que valeu a pena dar toda essa volta para situar a contingência do acaso na transmissão e, portanto, seu caráter indomável.

A ética de um desejo que não seja anônimo: apresentações clínicas

Uma vez aplanado o caminho por ter deslocado a noção de responsabilidade na transmissão, reencontramos o problema do desejo que não seja anônimo, a partir de outro lugar. Gostaria de propor que tal condição exige uma dimensão ética, já que podemos supô-la como resultado de uma escolha. Se o desejo que veicula a transmissão se firma, se introduz uma diferença (ou seja, o par S_1-S_2), é bem diferente do desejo anônimo que poderia ser de qualquer um. A transmissão se realiza de igual modo. Já vimos que é irredutível, mas pode ser que não introduza a diferença própria do par significante. Falar do par significante é falar de um sujeito divido, causado pelas operações circulares e não-recíprocas da alienação--separação. O que ocorre, porém, quando o desejo que participa da transmissão é anônimo, quando não introduz diferença porque prescinde do par significante?

O irredutível de uma transmissão

Provavelmente, e sem que nós o tenhamos proposto, associamos o desejo anônimo com aquele que prescinde do par significante no processo de constituição subjetiva. Resta então perguntar-nos se é possível uma aparição ímpar desse par e se, nesse caso, é correto continuarmos falando de "significante".

* * *

Neste ponto, gostaria de apresentar um breve recorte clínico, correspondente às primeiras entrevistas com a mãe de Mirela, uma menina de nove anos. Conforme contou, a menina apresenta sérios problemas na escola: fica nervosa e, por isso, sente dor na cabeça ou na barriga, exigindo que entrem em contato com sua mãe para que vá buscá-la. Além disso, diariamente, briga e discute com outras meninas. Segundo afirma a garota, falam dela pelas costas (tem certeza disso, apesar de nunca as ter escutado) e estão preparando um "plano de vingança" contra ela, que será executado algum dia. Por esse motivo, Mirela não está socialmente integrada com suas colegas. Durante o recreio, costuma ficar afastada, excluída, deambulando e falando sozinha, sem motivo. O quadro se completa com frequentes cenas de ciúmes ante suas primas e irmãzinha, além de temores noturnos motivados por um estranho olhar que a espreita, o que faz com que durma na cama dos pais todas as noites.

Paula, sua mãe, diz:
— Eu sei que fiz tudo errado, sou um desastre... Talvez, tenha chegado a hora de pôr ordem. Outro dia, encontrei

Lucas, meu marido, chorando depois de uma briga com Mirela. Ele acabou dando uma bofetada nela. Algo chegou ao limite.

Ficou ressoando em mim a ideia de que havia chegado o momento de "pôr ordem". É claro que, com os dados recolhidos até aqui, não era possível saber o que queria dizer esse enunciado. Teria que perguntar diretamente? Deveria confrontar essa mãe com esse binário que ela mesma insinuava, composto pelo par ordem/desordem? Abstive-me de tudo isso e minha posição consistiu somente em intervir de modo bem simples para facilitar a construção da constelação familiar.

Paula tem trinta e cinco anos e é funcionária de um escritório de advocacia. Aos vinte e sete anos, manteve uma relação amorosa com um homem bem mais velho, Alex, com quem esteve comprometida em um namoro sem sexo. Em paralelo, tinha uma aventura amorosa com Jonas, advogado do escritório, casado, com o qual mantinha relações sexuais diariamente. Ao confirmar a gravidez com um teste realizado na presença de Jonas, as coisas começaram a se complicar porque, apenas alguns dias antes, ele ficou sabendo que sua esposa também estava grávida. Propôs a Paula que abortasse, mas ela não aceitou. Durante a gravidez, continuaram mantendo relações sexuais. Ela contou a Alex, seu "namorado", a verdade sobre a situação e ele propôs formar uma família, dando seu sobrenome à menina. Paula aceitou, mas, a partir de então, esse homem se tornou extremamente agressivo, exercendo todo tipo de violência, tanto física quanto psicológica, sobre ela.

O irredutível de uma transmissão

Paula qualificou esse período como algo terrível. A única coisa que a mantinha em pé eram os encontros sexuais com Jonas e a espera por sua filha. Mirela nasceu e, um ano e meio depois, Alex faleceu em um acidente. Paula se aproximou do pai biológico de sua filha para solicitar ajuda financeira, mas ele negou com o argumento de que era provável que essa menina não fosse filha dele. Nessa frase, Paula localizou um corte: desde então, não voltou a manter relações sexuais com ele (mesmo que ele não tenha deixado de insistir nisso um dia sequer) e jamais voltou a lhe pedir nada. Nunca contou a ninguém a verdade sobre a origem de Mirela. Fui a primeira pessoa que escutou a história completa. Inclusive Lucas, seu companheiro atual e pai de sua segunda filha, ignora a verdade.

Todo esse relato foi feito de uma só vez – quase como o escrevi – sem nenhuma angústia, mas com muitíssima vergonha. Não a interrompi em momento algum. Ao concluir, Paula disse:

– Sei que não fiz bem ao não dizer a verdade à Mirela, mas agora ela já é grande. Tenho medo de que tudo o que está acontecendo tenha a ver com sua história. Não sei como arrumar a confusão que fiz...

Comecemos deixando estabelecida uma obviedade: nem todas as crianças chegam ao mundo como parte de um plano familiar, mas nem por isso não são desejadas – esse poderia ter sido o caso de Mirela. Porém, a essa altura de nossas elaborações, gostaria de apresentar uma leitura orientada pela pergunta sobre o desejo que veicula a transmissão.

Considero que, nesse caso, a diferença básica que introduz o par significante está omitida e, justamente por isso, é tão fácil trocar de pai (mesmo que não sem efeitos para a menina). O que veicula o desejo da mãe é algo como se qualquer um pudesse ser o pai, como se desse na mesma quem fosse parar nessa posição. Essa particular apresentação difere da lógica da substituição, na qual alguém ocupa um lugar distinto de outro que poderia representá-lo por função. Nesse caso, Paula apagou de seu discurso o papel do pai biológico de sua filha e instalou como pai quem fora seu companheiro. Se tivesse apelado ao pai biológico por qualquer via, mesmo a judicial, teria sido colocada em jogo certa distinção significante: inscrito o pai biológico como primeiro significante (S_1), poderia habilitar-se um segundo significante (S_2) para que sua significação se deslocasse, sem apagá-lo. Contudo, nesse caso, o significante que poderia inscrever um pai foi apagado e, por isso, perdeu o caráter de primeiro, de S_1. Quando Paula vai em busca de outro pai, esse já não é a "segunda opção", já não é S_2, e sim conta como se fosse a primeira. Estamos, então, em um terreno em que os significantes não têm subíndices, pois não se diferenciam. Falamos, portanto, de holófrase.

Mirela foi concebida em um âmbito que a deixou sujeita à holófrase e sua escolha pela estrutura clínica da psicose infantil[23] está de acordo, então, com as condições e possibilidades que sua posição ante *lalíngua* lhe oferecia.

* * *

À continuação, segue outro recorte clínico. Nesse caso, se trata de material cedido gentilmente por meu colega e amigo Mariano Daquino. São alguns parágrafos que abordam a história familiar de um garoto, Gustavo, que chega à instituição onde era atendido com o diagnóstico de Transtorno Global do Desenvolvimento. Após o nascimento de seu primeiro filho, Soraia (a mãe do paciente em questão) ficou grávida de gêmeas (as quais se chamariam Camila e Carla). Conforme seu relato, na trigésima quarta semana de gestação, foi submetida a um toque vaginal – algo contraindicado, constituindo um ato de má prática – que produziu fissura de útero e rompimento da bolsa. Dois dias depois, passou mal e foi internada. No hospital, lhe informaram que uma das bebês, Camila, havia falecido. A outra, Carla, sofrera um derrame cerebral devido ao esforço realizado para nascer. Segundo o relato, a bebê morta teria ficado posicionada em cima da irmã. Soraia foi submetida a uma cesárea e Carla ficou internada na terapia intensiva. Ela define a situação como uma "carnificina mental". Um ano depois, engravida novamente e nasce Marta.

Em relação a Gustavo, conta que ele não foi planejado. Sua menstruação atrasou e, por isso, consultou o obstetra, o mesmo que interveio como médico legista, fazendo a autópsia de Camila. O médico indicou a Soraia que buscasse tratamento psicoterapêutico porque não estava grávida, eram apenas fantasias suas. Não obstante, ela insistiu em fazer exame de sangue para atestar a gravidez, pois tinha a sensação corporal de que estava grávida:

— Sentia um pesinho na barriga... Gustavo veio com DIU. Não foi um filho planejado como os outros.

Uma vez confirmada a gravidez, um dos primeiros exames realizados levantou a suspeita de que fosse mais uma gestação gemelar. Soraia comentou:

— O obstetra não queria que a gravidez continuasse. Meu marido também não. Fiquei maluca, senti que, dessa vez, não nos salvaríamos nenhum dos dois. O médico queria fazer um aborto terapêutico. Eu continuei de todas as maneiras. Por quinze dias, até a confirmação de que se tratava de uma gestação simples, revivi a carnificina mental que foi a morte da Camila.

Durante esse tempo, Soraia não sabia se queria ou não ter o bebê. Para que a gravidez continuasse favoravelmente, era imperioso tirar o DIU. Se o dispositivo ficasse em cima do bebê, o risco seria muito grande. Uma ecografia revelou que o DIU poderia ser extraído sem dificuldades e a gravidez chegou a termo sem inconvenientes. Após o nascimento de Gustavo, Soraia teve depressão puerperal:

— Foi *heavy metal*. Como você quer que o garoto não esteja assim?

Esse é apenas um recorte, mas permite termos uma ideia da situação que emoldurou a chegada de Gustavo ao mundo. Situemos alguns dados: uma mulher — que não é qualquer, pois havia atravessado uma história forte que culminou na morte de uma filha – tem um atraso menstrual. Dirige-se então ao médico que a assistiu no pior momento de sua vida e lhe diz:

– Doutor, acho que estou grávida de novo.

O obstetra, provavelmente o mesmo que colocou o DIU em Soraia, responde:

– É uma fantasia, querida. Vá ao psicólogo.

Há aqui um primeiro inconveniente, porque isso se resolve com um pouco mais de critério. O mais lógico teria sido dizer-lhe: "Você usa DIU. É difícil engravidar. Mas, por via das dúvidas, vamos fazer um exame". Por alguma razão, nesses casos, é comum dirigir-nos a esse tipo de *outros*, para que nos ordenem, nos organizem. Porém, para essa mulher, algo do ordenador a deixou só.

Ela insiste e diz algo que, às vezes, as mulheres grávidas afirmam e que não se pode considerar um fenômeno raro: sentia um pesinho na barriga, sentia que estava grávida...

A questão é que esse filho não estava nos planos de ninguém. De fato, haviam sido tomadas medidas para que outro filho não fosse concebido. Não cabe discutir se querem ou não ter outro filho, pois está claro que não querem. O DIU é o testemunho dessa negativa. O que se discute é se a gravidez é gemelar ou não. Ou seja, *se é um ou se são dois*. É curioso, mas é o problema que venho desenvolvendo acerca do significante par ou ímpar. O obstetra propõe o aborto, mesmo antes de saber com certeza o que estava acontecendo. Sinceramente, penso que, como profissional, ele é um desastre. O pai do menino também acha que a solução seria o aborto.

São quinze dias de incerteza até confirmar se se trata de um ou dois. Nesse período, o valor do bebê ganhou a conotação de "carnificina mental". Tudo isso é muito curioso. Analisemos o porquê através de algumas perguntas.

Se uma mulher grávida de gêmeos tivesse perdido os bebês devido a um problema físico, orgânico, poder-se-ia então supor que uma nova gravidez múltipla seria arriscada. Mas, nesse caso, as dificuldades que resultaram na morte de uma das gêmeas foram consequência de má conduta médica: um toque contraindicado naquela altura da gestação – é o que consta no material que recolheu Mariano Daquino. Assim, deduzo que Soraia não tinha comprovadamente motivos orgânicos que pudessem comprometer uma nova gravidez gemelar. Como o médico não pensou nisso? Por que ele teria entrado em pânico, contaminando toda a família? Sem a má conduta médica, sem esse fator externo, provavelmente, a gravidez das gêmeas teria chegado a termo e ambas as meninas teriam nascido bem.

Insisto nisso porque o problema que o caso suscita não é a chegada de um filho inesperado. A discussão não é levar ou não adiante a gestação, e sim se são um ou dois. Se forem dois, chega-se, imediata e injustificadamente, à ideia da "carnificina mental". Qual teria sido o problema se fossem dois e ninguém cometesse nenhum erro selvagem como na vez anterior? É notável a relação entre as duas cenas e que ninguém tenha registrado suas diferenças. Toda loucura que envolveu a gestação e o nascimento de Gustavo poderia ter sido evitada com algum registro dessas diferenças. Então, para redobrar a pergunta, digo: são duas cenas ou uma?

Temos aqui o primeiro eixo para ler essa história: assim como um significante é o que o outro não é, assim como é o significante que introduz a diferença, nesse caso, ambas as cenas se confundiram e foram tratadas como se fossem uma só. Não estou falando de uma lógica deficitária, ao contrário. Não é qualquer um que pode ignorar as diferenças em algo tão delicado, mas, curiosamente, nesse caso, o assunto das diferenças foi ignorado ao menos por três pessoas envolvidas na situação. Aqui, funcionou algo como um tratamento especial para a aparição do Outro, já que foi reduzido ao mesmo.

Na história dessa família não há uma "primeira cena" e uma "segunda cena" (somos nós que lemos assim, pois podemos numerá-las), senão que a primeira e a segunda são a mesma, não se diferenciaram.

Quero propor uma leitura: entendo que o assunto das gestações gemelares, os filhos mortos, entre outros, é um assunto que não se dividiu. Ninguém abriu a possibilidade de outra coisa. Ninguém disse: "Calma! A gravidez das gêmeas foi um desastre porque um médico com pouco critério cometeu um erro. Desta vez, vai dar tudo certo!". Esse teria sido um corte interessante, pois introduzir aí o significante, produzindo certas diferenças, teria separado as cenas, recobrindo-as de certo valor opositivo e diferencial. Claro que as respostas poderiam ter sido: "Tem razão, não tínhamos pensado nisso" ou "Não! É a mesma situação porque a gravidez de dois filhos significa a morte!". Mas, dessa forma, poderíamos verificar nossa hipótese da oposição ante a lógica da linguagem que estava em jogo.

Todo esse assunto apresenta uma textura particular que Lacan chama de "monólito"[24]. Não é o que habitualmente reconhecemos nas histórias familiares sob a forma do sujeito dividido. Não há aqui diferentes versões que poderiam, inclusive, chegar a questionar a verdade dos acontecimentos. Poderíamos afirmar que nos encontramos ante uma verdade-toda. E, assim como um monólito é um monumento de pedra de uma só peça e sem fissuras, o relato dessa história tem uma textura similar: está holofraseado.

4

Holófrase

(...) quando a primeira dupla de significantes se solidifica, se holofraseia, temos o modelo de toda uma série de casos – ainda que, em cada um, o sujeito não ocupe o mesmo lugar.

Jacques Lacan, 10 de junho de 1964.

Sobre o conceito de holófrase, muito se falou, mas pouco se escreveu. O próprio Lacan fez apenas três referências ao longo de seus onze primeiros seminários, antes de abandonar para sempre o conceito. Considero, entretanto, que o termo é um bom ordenador para pensar casos que não se apresentam com a transparência que costumam supor os manuais e os livros dedicados aos problemas de diagnóstico e tratamento.

Circula entre os psicanalistas lacanianos uma ideia intuitiva que define a holófrase. Trata-se da figura dos "significantes colados", apresentação difícil de sustentar e caracterizar. Além disso, é frequente escutar apresentações clínicas nas quais os analistas propõem a direção da cura orientada pela busca da holófrase concreta de algum analisante. Há também outros que a descobrem e, no momento de informá-la, não conseguem diferenciá-la em absoluto de um significante novo produzido mediante uma condensação comum.

A favor da noção, atrevo-me a afirmar que permite prescindir da categoria dos inclassificáveis. Permite também ordenar todo um campo de fenômenos clínicos que se estende desde certa apresentação da debilidade mental, do fenômeno psicossomático e da psicose infantil, até os chamados fenômenos contemporâneos ou atuais da clínica (bulimia, anorexia, *cutting*, entre outros). Existe um modo de caracterização positiva para a holófrase, o que exige um trabalho de estudo sobre o termo. Dedicaremos este capítulo a isso.

O extravio produzido pela noção intuitiva

Ainda que Lacan tenha encerrado sua elaboração da holófrase em 1964, ela permaneceu em certo descuido até a década de 80. Em 1983, especificamente, foi retomada por Jean Guir, em seu livro intitulado *Psicossomática e câncer*[1]. Pessoalmente, penso que a leitura da holófrase que Guir desenvolve no livro em questão é a chave para compreender o porquê da distorção conceitual a que me referi mais acima, e também o modo de incidência clínica que acarreta. A maneira como Guir apresentou a holófrase, curiosamente, converteu-se na *doxa* da psicanálise sobre o tema. Sua proposta se reduz a considerar a holófrase um fenômeno clínico concreto e particular do analisante. Cito:

> Pode-se dizer, ao extremo, que a holofrasização de S_1-S_2 dá um significante novo (mas isso é diferente da condensação) que paradoxalmente pode entrar em uma nova cadeia articulada (por exemplo, *Westminster – Où est-ce mystere*).[2]

Apesar de Guir afirmar que esse fenômeno não deve ser confundido com a condensação, não apresenta nenhum critério para evitar o equívoco. Além disso, o exemplo que oferece no texto não é senão... uma condensação produzida pelo equívoco entre línguas! Em seu escrito tampouco fica clara a articulação dessa formação do inconsciente com o sintoma em pauta e, menos ainda, com a posição do sujeito.

O autor insiste com uma direção de trabalho orientada pela busca das holófrases particulares dos analisantes:

> O que discernimos nas análises de doentes psicossomáticos, sobretudo nos sonhos e na explicação natural de sua enfermidade, é a aparição de holófrases particulares cujo corte pelo analista terá lugar de interjeição.[3]

Cabe destacar que, em seu livro, Guir se apoia na noção de holófrase linguística, campo que, após uma série de desenvolvimentos sobre o termo, o deixou muito próximo à noção de interjeição – algo difícil de ser sustentado por aqueles que acompanharam o desenvolvimento do tema feito por Jacques Lacan. Efetivamente, essa linha de trabalho desconhece os efeitos de certa reinvenção do termo no campo analítico, operação reivindicada por outros comentadores, aos quais daremos a palavra à continuação.

Da holófrase linguística ao conceito lacaniano

Provavelmente, o texto mais zeloso e sério sobre a noção de holófrase no âmbito psicanalítico seja o publicado em 1987, por Alexandre Stevens, na revista *Ornicar?*, no.42, com o título "A holófrase, entre psicose e psicossomática"[4]. O texto de Stevens apresenta-se dividido em três partes.

Na primeira delas, traça uma história do termo "holófrase" na filosofia da linguagem – chamar de "linguística" as disciplinas citadas seria excessivo –, discurso que se ocupou da holófrase ao abordar os problemas da tipologia das línguas, da origem da linguagem e, finalmente, da ontogenia da linguagem. Esse primeiro grupo de referências se justifica, pois assinala uma manobra lacaniana que consiste em extrair o termo do *corpus* da filosofia da linguagem (ou da linguística) para lhe dar um uso estritamente psicanalítico, do qual nos ocuparemos no devido tempo.

Descobrimos, assim, que o termo entrou na língua francesa sob a forma do adjetivo "holofrástico" [*holophrastique*] em 1866, e que o substantivo "holófrase" [*holophrase*] foi um pouco mais tardio. O primeiro dos usos do adjetivo remete à construção *línguas holofrásticas*, que são aquelas "em que a frase inteira, sujeito, verbo, regência e, inclusive, concordância, se encontra aglutinada em uma só palavra" (Dicionário *Littré* da língua francesa, 1887). Aqui aparece o primeiro uso do termo, o de classificar as línguas. Apesar de as línguas holofrásticas receberem diversos nomes (aglutinantes, incorporantes, polissintéticas), todas têm como base a função que estamos trabalhando[5].

As tipologias das línguas floresceram durante o século XIX. Seu principal expoente foi Wilhelm von Humboldt e seu critério de tripartição em línguas isolantes (o chinês e suas línguas conexas), línguas flexionais (indo-europeias e semíticas) e línguas aglutinantes (todas as outras em que se inscreve a holófrase). Essa classificação apresentava problemas, já que se sobrepunha a outras e, inclusive, favorecia zonas cinzentas em sua própria constituição interna. Stevens, entretanto, chama a atenção para o trabalho de um teórico mais contemporâneo que, aparentemente, foi uma influência importante para a concepção lacaniana do fenômeno. Trata-se de Gustave Guillaume e sua proposta de uma nova tipologia das línguas, apresentada em seu curso do ano letivo 1948-1949, a qual se apoia nas noções de "captura frástica" e "captura lexical"– critérios absolutamente próprios e novos que ressoam nos analistas. Trata-se de figuras de fechamento, em que

... a captura frástica é a percepção da unidade da frase com o fechamento de significação que ela comporta (...) e a captura lexical significa que a palavra pertence ao código, isto é, pode exportar sua significação quando é deslocada a outros lugares na ordenação sintática.[6]

Stevens assinala a proximidade desses modos de captura com os termos "mensagem e código", tal qual Lacan os introduz no grafo do desejo. Ademais, situa a noção de holófrase no ponto em que ambos os tipos de captura se confundem, anulando a lexicalização e situando, enquanto logicamente primeira, a captura da frase como um todo. Dado que Guillaume prosseguiu com suas elaborações, Stevens assinala que, no curso de 1956-1957, introduziu uma nova definição da holófrase, situando-a "em um ato de linguagem no qual ato de representação (a língua) e ato de expressão (o discurso) coincidem"[7]. Essa definição antecipa e prefigura a ideia do monólito entre o sujeito e o significante que Lacan apresentará em seu seminário *O desejo e sua interpretação* (1958-1959) – voltaremos a essa ideia quando revisarmos os contextos lacanianos nos quais apareceu o termo.

Bem menos específico foi o uso do termo "holófrase" ao longo do século XVIII, no contexto das discussões sobre a origem da linguagem – as quais não necessariamente devem ser consideradas linguísticas e que, em sua maioria, despertaram o interesse dos filósofos. Inscrevem-se aí, como posições destacadas, as ideias de Condillac e Rousseau – claramente filosóficas – e que contrastam com as primeiras elaborações do século XIX, quando a linguística histórica e comparativa se encontra com as teorias evolutivas dos naturalistas Lamarck e Darwin. Cito Stevens:

> A primeira grande diferença entre as teorias do século XVIII e as do século XIX, é que as últimas se fundam na estrutura de línguas faladas e na comparação de diversos elementos de estrutura entre essas línguas (...). A segunda grande diferença é que as teorias do século XIX tentam explicar o passo franqueado do animal ao humano. Trata-se (...) de reconstruir o elo faltante do evolucionismo. A holófrase toma sua aplicação desse fio condutor (...).[8]

Holófrase

Diversas teorias se inscrevem nessa linha e evocam a holófrase para tentar dar conta do estado intermediário entre o grito expressivo do animal e a linguagem humana. O princípio de todas essas teorias é o mesmo: supõem um ruído que adquire significação na situação de conjunto – justamente a aglutinação, a colagem, entre dita situação e o som é o que justifica o recurso à holófrase. Curiosamente, essa lógica é questionada por alguns dos autores mais representativos do período, entre os quais se destaca Von Humboldt quem afirma que "no momento de origem, faz falta que a linguagem esteja ali, isto é, dizer que não haja transição"[9]. A crítica a essa linha de pensamento que Lacan apresentará em seu primeiro seminário – muitos anos depois – irá na mesma direção e será ainda muito mais lapidada.

O termo retorna mais contemporaneamente quando se estabelecem os períodos da ontogenia da linguagem na criança. Reconhece-se aí um momento particular do desenvolvimento cuja forma de expressão coincide com um modo de falar gramaticalmente não estruturado, que consiste, com frequência, em uma só palavra.

A construção da holófrase lacaniana

Na segunda parte de seu artigo, Alexandre Stevens percorre os textos lacanianos em que o termo é trabalhado, os quais foram escritos em três momentos diversos, com intervalos regulares – é curioso que Lacan retome o assunto a cada cinco anos (Seminários 1, 6 e 11). No primeiro contexto, é iminentemente crítico com o uso do termo para explicar a origem da linguagem. Mais tarde, percebe-se certo afastamento do uso linguístico da noção, em uma de suas clássicas manobras de apropriação de conceitos às quais estamos acostumados. Finalmente, e mediante um neologismo, introduz o que proponho chamar *holófrase lacaniana* – a qual está muito afastada de seus usos na linguística e, de alguma maneira, antecipa o que, muitos anos mais tarde, será apresentado como *linguisteria*. Repassemos, a seguir, esse caminho assinalando seus pontos centrais.

No seminário sobre *Os escritos técnicos de Freud* (1953-1954), trata-se de desacreditar aos autores que localizaram a holófrase como o elo que, no momento de explicar a origem da linguagem, funciona como nexo entre a comunicação animal e a linguagem humana. Ali, a crítica lacaniana é precisa: nada simbólico pode surgir do imaginário, enquanto o pacto de palavra antecede em todos os casos a invenção. Cito como Lacan apresenta o problema:

> Os que especulam sobre a origem da linguagem, e procuram estabelecer transições entre a apreciação da situação total e a fragmentação simbólica, sempre ficaram chocados pelo que chamamos as holófrases. No uso de certos povos (...) há frases, expressões que não são decomponíveis, e que se reportam a uma situação tomada no seu conjunto – são as holófrases. Acredita-se apreender ali um ponto de junção entre o animal que passa sem estruturar as situações, e o homem, que habita um mundo simbólico.[10]

Holófrase

Logo após citar o exemplo de uma holófrase extraído de um livro editado por Edward J. Payne, intitulado *History of the New World Called America* (Oxford University Press, 1892), Lacan destaca a situação em que a holófrase é produzida. Trata-se do estado de interolhar entre dois sujeitos, em que cada um espera do outro que decida realizar algo que nenhum deseja fazer, mas que deve ser feito a dois. Fica claro no exemplo que

> ... a holófrase não é intermediária entre uma assunção primitiva da situação como total, que seria do registro da ação animal, e a simbolização. (...) Trata-se ao contrário de algo em que o que é do registro da composição simbólica é definido no limite, na periferia. (...) verão também que toda holófrase se liga a situações-limites, em que o sujeito está suspenso numa relação especular ao outro.[11]

Desse modo, Lacan transmite a ideia de que só é possível outorgar algum valor à holófrase em um tecido simbólico já existente. Então, cito Stevens, "[já seja que] se trate exatamente de uma frase de uma só palavra ou de uma expressão mais complexa, já estão capturadas em uma estrutura de linguagem. Lacan prefere insistir sobre o caráter não decomponível dessas palavras-chave"[12].

Evidentemente, nesse primeiro percurso, a discussão é linguística e o termo "holófrase" é utilizado por Lacan com o mesmo valor que tem nesse campo teórico. Será preciso esperar cinco anos para que comece o processo de diferenciação e apropriação lacaniana.

Em seu seminário *O desejo e sua interpretação* (1958--1959), Lacan retoma o tema, na segunda (19/11/1958) e na quarta aula (3/12/1958), em suas explicações sobre o grafo do desejo e o sonho da pequena Anna Freud. Resumirei os pontos mais importantes desses desenvolvimentos com o objetivo de construir a noção de holófrase lacaniana.

Em primeiro lugar, situa no andar inferior do grafo, que é o do enunciado, não a noção de holófrase, mas algo que participa de sua função. A consequência dessa ideia é importante porque, desse modo, "nenhum enunciado holofrástico se igualará estrita e somente com a função da holófrase"[13]. Se no plano do enunciado, a interjeição é o exemplo mais preciso da holófrase, a diferença que Lacan localiza é em relação à função da holófrase: fazer coincidir código e mensagem (nos termos dos linguistas), "ao ponto que o monólito de que se trata é o próprio sujeito nesse nível que o constitui"[14].

Em segundo lugar, e a partir da análise do sonho de Anna Freud, Lacan se detém na nominação que esse situa, já que ali o sujeito se conta. Após um interessante desenvolvimento sobre a função do sujeito no sonho, chega à conclusão de que, nas formações do inconsciente, o sujeito se conta. O que não acontece na holófrase, já que ele mesmo coincide com a mensagem, está solidificado, convertido em um monólito, dando entrada na teoria à modalidade do sujeito não-dividido.

Finalmente, a verdadeira holófrase lacaniana, a qual já não terá nenhuma relação com a holófrase linguística, será introduzida de modo particular no seminário *Os quatro conceitos fundamentais da Psicanálise* (1964). Lacan afirma que, "quando não há intervalo entre S_1 e S_2, quando a primeira dupla de significantes se solidifica, se holofraseia (...)"[15]. Detenhamo-nos aqui para analisar o

Holófrase

verbo em questão. Segundo Alexandre Stevens, o verbo "holofrasear-se" não existe em francês e, portanto, é um neologismo de Lacan. Por que Lacan introduz sua noção mediante um neologismo? Para ignorar desse modo

> ... toda referência a qualquer holófrase concreta, aos exemplos obtidos das línguas holofrásticas ou do discurso corrente (...) e ao que chamamos enunciados holofrásticos (...). Desse modo, o destaque é dado à estrutura particular que deduziu precedentemente a partir do (...) que temos sublinhado como função da holófrase, função de unidade da frase e monólito ao mesmo tempo.[16]

Stevens lê a manobra lacaniana como uma tentativa de romper com o campo fenomênico da holófrase linguística, para situar a holófrase como um modo de organização do campo da linguagem que deveria ser situado no mesmo nível que a estrutura significante, ainda que em oposição radical. Aprofundarei essa leitura logo a seguir, mas gostaria de adiantar aqui a tese mais importante a respeito: a holófrase é um nome lacaniano para um modo de organização da sujeição pela linguagem, radicalmente oposto à estrutura do significante. É possível, portanto, conjecturá-la a partir de certos indicadores clínicos, mas não se apresenta fenomenologicamente de modo direto sob a forma de uma holófrase linguística.

Estrutura do Significante	Organização Holofrástica
↓	↓
Sujeito Dividido	Sujeito Monolítico

Os significantes não se colam, nem a holófrase produz novos significantes. Há, porém, uma grande quantidade de fenômenos que permitem supor que o sujeito em questão é monolítico e que, portanto, não está estruturado pelo significante. Em seu livro *A forclusão do Nome do Pai*, Jean-Claude Maleval defende a mesma hipótese que Stevens.

> A tese de uma holófrase do par significante primordial (...) supõe uma inovação porque consiste em circunscrever um mecanismo inerente ao inconsciente freudiano, e não a um fenômeno linguístico universal (...) A holófrase pode se manifestar mediante fenômenos linguísticos diversos. O que todos eles têm em comum é que emanam de um sujeito não evanescente, e sim petrificado em suas certezas (...). A holófrase produzida pelo sujeito psicótico é transfenomênica.[17]

A articulação entre a organização holofrástica e o sujeito monolítico é clinicamente muito valiosa. Resta-nos pendente uma tarefa dupla: em primeiro lugar, localizar alguns indicadores fenomenológicos que permitam deduzir uma organização holofrástica. Em segundo, apresentar alguma orientação clínica que contribua à direção da cura das crianças sujeitas à holófrase.

Primeiras pontuações sobre o sujeito monolítico

O sujeito do significante é o que conhecemos como "sujeito dividido", representado por um significante para outro. Que sua estrutura se encontre articulada de tal modo, permite associá-lo às operações do significante (metáfora e metonímia), bem como aos funcionamentos de imbricações recíprocas (antecipação-retroação) e englobamentos crescentes (função da conta e do traço unário) que fundamentam sua estrutura[18]. É, ademais, um sujeito que fica *capturado* pela lógica do discurso (apresentá-lo assim tem por objetivo tentar romper com a leitura clássica que considera o sujeito estruturado pelo significante *em vantagem* em relação a outros): duvida, é inconstante, custa-lhe vulnerar o código, está capturado pelos limites do tempo e do espaço, é besta (*bête*) e padece do corpo e de suas dificuldades. Além disso, a desproporção introduzida pela linguagem o atormenta e faz com que se desconheça frente às formações do inconsciente.

O sujeito da holófrase é o que Lacan apresentou em seu Seminário *O desejo e sua interpretação* (1958-1959) como "sujeito monolítico" (ou seja, é um sujeito que não se divide). Por se tratar de um sujeito organizado pela holófrase, pode se dar a certos *luxos*[19] — ao contrário do sujeito dividido — provocando, inclusive, sua surpresa e mal-estar. Manifesta-se com sua certeza, é constante, escapa aos limites do tempo e do espaço, é livre no que diz respeito ao código (está "fora de" ou "flutua entre" os discursos), mostra-se como Um-discreto-de-gozo (não é besta) e mostra mais um organismo do que um corpo. Ainda que não consiga escapar da desproporção introduzida pela linguagem, essa não o atormenta, já que pode desconhecê-la sem maiores esforços. Nada permite, então, supor um sujeito em desvantagem em relação ao modo anterior. Seu modo de transcorrer a linguagem, baseando-se em sua capacidade de recusar o significado a favor do significante puro, lhe permite realizar, por exemplo, operações matemáticas muito complexas. Ressoam aqui a pergunta de Lacan sobre a sagacidade do débil mental e a surpresa de Freud ao perceber que a teoria dos raios divinos do Presidente Schreber coincidia com a sua teoria relativa ao funcionamento da libido. Muitas vezes, nos perguntamos: por que não sou capaz de fazer esses cálculos? Por que não posso ser constante, não me aborrecer ou avançar em direção ao objeto de meu desejo (ou de meu capricho, já que dá na mesma) como eles o fazem?

Proponho, desse modo, recusar as qualificações em termos de maior ou menor gravidade das subjetividades organizadas sobre essas maneiras de posicionamento ante a linguagem. Está claro que as estruturas clínicas favorecerão sua escolha por alguns desses mecanismos, e que haverá maior probabilidade em uns do que em outros. Partindo daqui, talvez seja mais compreensível o diagnóstico lacaniano de "totalmente normal", realizado após a apresentação de uma paciente psicótica, e o esclarecimento da noção de besteira, com todo o peso clínico e o valor que Lacan lhe reclamava.

É o próprio Lacan quem introduz o modelo de toda uma série de casos sob a lógica da sujeição à holófrase, deixando bem claro que "o sujeito não ocupe o mesmo lugar"[20] em cada caso. Para os objetivos de nossa tarefa clínica, proponho entender essa breve cláusula do modo mais simples possível e considerar o termo "sujeito" como "pessoa". Dessa maneira, o sujeito (no sentido forte da psicanálise) será monolítico e holofrástico, mas a pessoa que o encarne não ocupará o mesmo lugar em cada caso, observação óbvia para quem já teve a experiência de atender, por exemplo, um paciente psicótico ou algum outro que padeça de um fenômeno psicossomático. Ambos estão assujeitados à linguagem pela organização holofrástica, a qual estabelecerá o marco de possibilidades e limites que logo resultará em sua posição na estrutura clínica; mas seu modo de habitar o mundo, seu modo de se dirigir ao outro, sua relação com o corpo e sua posição no discurso, entre outros, será diferente.

Considerando que todo esse assunto exige articulação clínica, comecemos com uma observação conhecida, suscetível de ser relacionada com nosso eixo teórico-clínico: se o significante introduz a diferença no real, é, então, bastante lógico que as crianças sujeitas à holófrase habitem um mundo indiferenciado – tal como afirmei mais acima, em cada caso da série, essa falta de diferenças mostrará seus matizes.

O caso paradigmático sobre o qual Lacan realizou suas primeiras pontuações foi o caso Dick, de Melanie Klein[21]. Provavelmente, esse seja o exemplo mais primitivo para dar conta de uma posição subjetiva que não reconhece diferenças no mundo. Lacan afirma que Dick "está inteirinho no indiferenciado"[22] e se pergunta "o que é que constitui um mundo humano? – senão o interesse pelos objetos enquanto distintos, os objetos enquanto equivalentes"[23].

O aplanamento afetivo de Dick é consistente com esse fenômeno. Se a cada relação de objeto corresponde um modo de identificação cujo sinal é a ansiedade, compreende-se que Dick não a manifeste e que Lacan afirme que o menino "vive na realidade. No consultório de Melanie Klein, não há para ele nem outro nem eu, há uma realidade pura e simples"[24]. Convém lembrar aqui que esse fenômeno de indiferenciação leva Dick a tratar as pessoas e as coisas como iguais, e também a não responder ao chamado do outro. Pergunto ao leitor se, por acaso, percebeu o quanto é difícil não responder quando se recebe um chamado, assim como nos irritamos quando chamamos ao outro e ele não responde. Não responder a um chamado é um *luxo* difícil de se dar.

Lacan atribuiu certa brutalidade à posição clínica de Melanie Klein frente a Dick. Descreve-a do seguinte modo: "Melanie Klein enfia o simbolismo, com a maior brutalidade, no pequeno Dick!"[25]. Surpreendeu-me como Lacan descreve a manobra kleiniana ante uma criança sujeita à holófrase: *enfiar brutalmente o simbolismo*. Lacan insiste nessa fórmula. Cito-o novamente:

> É então que Melanie Klein, com esse instinto de animal que a fez aliás perfurar uma soma de conhecimentos até então impenetrável, ousa lhe falar – falar a um ser que se deixa, pois, apreender como alguém que, no sentido simbólico do termo, não responde. Ele está lá como se ela não existisse, como se fosse um móvel. E, entretanto, ela lhe fala.[26]

Holófrase

É curioso o modo pelo qual Lacan fala de Melanie Klein: trata-se de uma bruta que finge ignorar a ausência de resposta no menino, que lhe enfia (a tradução é absolutamente correta!) o simbolismo – acrescento eu: na primeira ocasião em que se encontram![27] Poderíamos dizê-lo de outra maneira: Melanie Klein enfia em Dick um par de significantes (que, além do mais, não é um par qualquer, porque é o par edípico) e, com isso, o simbólico todo. Lacan, que, ao ler o caso, põe em ato uma teoria do sujeito na psicanálise, afirma que "não é nem mesmo necessário (...) que a palavra seja a sua"[28]. Retorna assim a pergunta ética resgatada por Foucault no texto de Samuel Beckett: Que importa quem fala? O sujeito não coincide com nenhuma pessoa, nem sequer quando se trata da sujeição à holófrase.

Dick responde porque a intervenção toca o real. Recordemos que Lacan também havia afirmado que "o desenvolvimento só ocorre na medida em que o sujeito se integra ao sistema simbólico, aí se exercita"[29].

Temos, então, a afirmação lacaniana de que Melanie Klein é bruta. Mas me atreveria a acrescentar que, ademais, é besta. É besta porque se apresenta com uma disposição particular a sustentar o laço. Esse menino que tem na sua frente – "menino invisível, dirá Lacan, mesmo que seja olhado de todos os lados"[30] – não é para ela um Um-discreto-de-gozo com o qual não haveria laço possível. Assim dizia Lacan no ano de 1973:

> As dimensões da besteira são infinitas, mas não foram suficientemente interrogadas. Acredito que, no fim das contas, isso é de grande originalidade... e, então, para

funcionar verdadeiramente bem como analista haveria que, no limite, ser mais besta do que naturalmente já se é.[31]

Falei faz tempo[32] da relação do analista que não retrocede ante as crianças e a besteira, a qual apresentei com uma frase de Jean-Claude Milner: trata-se de "prestar-se a isso, mas não de se entregar a isso"[33]. É uma besteira própria da estrutura besta (*bête*) do significante essa de crer que fazemos laço, que nos comunicamos, que nos entendemos, que dialogamos e, fundamentalmente, que nos amamos. É a besteira necessária para poder conviver um pouco e manobrar ante esse caráter de *dispersos díspares* que temos nós, os seres falantes. Não participar dela é um luxo difícil de se dar sem cair na canalhice ou se converter em um desenganado, salvo que a holófrase nos assista... A posição clínica de Melanie Klein sustenta a besteira do intercâmbio, via necessária para inscrever esse menino em um *Édipo ferroviário* (se me permitem a expressão). Ao mesmo tempo, porém, empurra sua besteira com brutalidade, a necessária para enfiar em Dick a estrutura simbólica básica do par significante. Por acaso não são brutais todos os primeiros encontros com o simbólico? Ninguém entra aos poucos ali, todos somos lançados de cabeça nesse mundo de linguagem que humaniza.

Perfilam-se, assim, alguns caracteres necessários para fugir para adiante e sustentar esse desejo de analista que não retrocede ante as crianças: há que ser paciente, algo bruto e um pouco besta...

Holófrase

* * *

Recebo em meu consultório os pais adotivos de Luis, que tem dez anos. Segundo me dizem, o menino esteve em tratamento desde sempre. Centram o motivo da busca por um analista em dois pontos. Em primeiro lugar, Luis põe o dedão na boca e esse gesto enlouquece sua mãe. Em segundo lugar, há certas dificuldades com o desempenho escolar: apesar de estar há dois anos em tratamento psicopedagógico, continua tendo inconvenientes na escola. Segundo comentam os pais, a psicopedagoga sugeriu que há problemas afetivos, o que fez com que me procurassem.

Minha primeira intervenção vai no sentido de estabelecer a história da adoção. Luis é filho de uma mãe bipolar e de seu avô (tanto ele quanto a irmã, dois anos mais velha). Sua mãe morreu e seu pai/avô está preso por um roubo que terminou em homicídio. Em um primeiro momento, os irmãos foram entregues para adoção separadamente. Mas, tempo depois, durante a guarda, um juiz ordenou que deveriam ser adotados juntos. Foram entregues a uma família que os devolveu em pouco tempo (não é possível estabelecer a causa de tal situação).

A respeito da história da família, Maria, a atual mãe adotiva de Luis, conta que perdeu uma gravidez há muitos anos e, logo após esse episódio, fez alguns tratamentos médicos que, ao que parece, lhe foram insuportáveis. Após recusar uma oferta de adoção ilegal no Paraguai, Maria e o marido se inscreveram em um juizado da província de Buenos Aires. Depois de nove anos de espera, receberam um telefonema: em vinte e quatro horas, adotariam dois irmãozinhos que estavam em diferentes lugares. Luis, que tinha nesse momento um ano e três meses, estava no hospital. Diz o casal:

– Quando o vimos era um saquinho de batatas.

Seu pai adotivo afirmou que o menino estava hipotônico e mal alimentado. Não trazia consigo nenhum pertence, nem roupa, nem brinquedos. Sua irmã, ao contrário, estava em muito bom estado de saúde e, quando a buscaram no Lar onde estava, entregaram-na com um pequeno enxoval.

Continua o relato das dificuldades do menino e dos múltiplos tratamentos aos quais foi submetido, como estimulação precoce, várias psicoterapias e psicopedagogia. Sua mãe adotiva não tem família e a do pai rejeitou as crianças por não terem o mesmo sangue. São eles quatro e ninguém mais.

O pai é uma pessoa simples em seus raciocínios. Acredita que Luis é lento, mas que, algum dia, vai pegar no tranco. A mãe não suporta a lentidão e o modo como o menino perde as aquisições adquiridas dia a dia. É dura e exige-me certas condições para o tratamento: que se respeitem o dia e a hora das sessões rigorosamente, que não os faça esperar, que não fale com ela quando trouxer o menino à sessão, entre outras. Quer garantir assim a pureza do dispositivo. Com o menino, oscila entre irritação e broncas e atitudes de grude físico, como permitir que durma com ela quando o pai está viajando a trabalho. Diz:

– Eu sou o socorro de Luis. Quando acontece algo com ele, vem e me abraça. Por sorte, sempre entendo o que está acontecendo com ele. O pai não o entende, pergunta a Luis e ele se bloqueia. Aí, põe o dedo na boca.

O pai, por sua vez, disse que é o mais companheiro de seu filho. Porém, ao pedir-lhe que me contasse algum exemplo desse tipo de relação, não consegue encontrar nada para ilustrá-la.

Quando tento estabelecer certos pontos da história familiar como, por exemplo, onde está sua família ou por que decidiram fazer um tratamento de fertilidade logo pós perder uma gravidez ainda no início, o discurso de ambos se torna obscuro, dão voltas e não conseguem responder. Não escondem de mim a informação. Não conseguem, na verdade, articulá-la. Inclusive recebendo-os em entrevistas individuais, há pontos aos quais não consegui ter acesso. Sempre voltam ao impacto que lhes produziu ver Luis pela primeira vez e à ideia de que têm "filhos gêmeos de idades diferentes". Maria conta uma cena que a deixou perplexa e que, ao que parece, precipitou a busca pelo atendimento comigo. Uma noite, após jantar, Luis lhe perguntou:

– Por que vocês não têm filhos?

Ao começar meu trabalho com Luis, pude notar que sua linguagem está abaixo da média esperada para a sua idade. Utiliza frases breves e, frequentemente, responde às perguntas com monossílabos. Costuma incluir palavrões como adjetivos. Não obstante, é possível manter um diálogo com ele, mas trava ante determinado tipo de interrogações – já veremos do que se trata.

Seu relato apresenta alterações da sequência e confusão entre os personagens. Não respeita a linha temporal por completo e, portanto, verifica-se que a noção de causa opera com complicações. Quando Luis conta um filme, seu relato se desorganiza com facilidade, chegando, inclusive, a confundir a história do filme com a de outro. Não mostra interesse por materiais de jogos simbólicos. Sua relação com os jogos de regras foi, inicialmente, de curiosidade, mas, pouco a pouco, se tornou depreciativa e, em algumas ocasiões, chegou a ser violenta. Várias vezes, jogou longe as peças dos jogos de tabuleiro, sem se preocupar com possíveis danos ou se desculpar. É provável que tal atitude tenha sido provocada por seus fracassos nos jogos, posto que se acentuou naqueles em que havia perdido partidas anteriores. Luis me pediu que lhe ensinasse a jogar vários deles, prestou atenção às instruções e, a princípio, parecia as ter compreendido. No entanto, após algum tempo, cometia erros que não consistiam em regulações intuitivas como as que operam nas tentativas de trapacear, já que, ao ser interrogado, era possível verificar que a aquisição da regra havia sido perdida completamente. Em ocasiões nas quais ele conseguia jogar com mais facilidade, a aquisição se perdia no lapso entre nossos encontros.

Sempre que assinalei algum erro, seja nas sequências narradas ou na infração de alguma regra lúdica, Luis me respondeu negando o assinalamento, tratando-o como não ocorrido:

— Não me confundi, não disse isso.

De modo geral, poderia supor que o recurso à negação funciona como uma defesa primitiva. Seu desinteresse pelo jogo simbólico é concorrente ao que mostrou pelos sinais gráficos, não houve maneira de fazê-lo desenhar.

Holófrase

Uma conversa sobre o que queria ser quando fosse grande, fez aparecer um fenômeno antecipado pelos pais nas entrevistas iniciais: esse dedão que Luis introduz na boca enquanto o resto da mão cobre o seu nariz. Esse gesto é acompanhado por um olhar perdido e um total retraimento físico. Trata-se de sua resposta habitual a uma pergunta que abre a enunciação no enunciado, e se repete sistematicamente se, por acaso, a linha associativa o leva por aí ou se seu interlocutor o sugere. Longe de um sinal de imaturidade emocional ou motora, esse gesto funciona como um tampão real a toda dimensão do desejo, opera certo bloqueio da possível aparição de um assunto no qual possa se apresentar como desejante. Para que esse gesto não apareça é necessário somente que intercambiemos enunciados que não habilitem um suposto desejo na enunciação. Seu gesto se constitui em um ato de rejeição ao laço. Nesse ponto, Luis *se dá ao luxo* de não responder, de virar Um: um Um-discreto-de-gozo. Se eu falo com ele, se lhe pergunto algo, se o instigo a ponto de cessar essa atitude, não acontece nada: ele permanece assim, inabalável. É necessário que deixe de observá-lo – quase diria, ignorá-lo – ou, inclusive, pôr-me a fazer outra coisa (arrumar objetos, escrever algo no computador ou caminhar um pouco pela sala) para que reapareça a dimensão de certo diálogo, com as limitações já expostas.

Quando uma de nossas conversas nos levou a questões relacionadas às meninas de sua sala, Luis respondeu com seu gesto habitual. Esse dia, intervi dizendo-lhe:

– Que máscara legal! Mostro para você a minha? – e, sem esperar resposta, uni meus dedos indicadores com os polegares criando uma espécie de óculos que apoiei em meus olhos enquanto entrelaçava os outros dedos, criando assim algo como uma máscara.

– Sou *Pabloman*, o super-herói que ajuda as crianças. Você quem é? – perguntei sem esperança alguma de resposta.
– Eu sou Luis – disse, tirando o dedo da boca.

Desde então, cada vez que aparece sua máscara, eu faço a minha. Ele tira o dedo da boca e sorri movendo a cabeça como dizendo "que bobo...". Até que um dia me perguntou:

– Para que você faz isso?

Por acaso sua pergunta ia mais além de um enunciado? Respondi:

– Porque você o faz e eu também quero ser um super-herói.

Na semana seguinte, veio com a camiseta do *Capitão América*...

* * *

Há certo tempo, trabalho com um menino de uns treze anos que apresenta um quadro de *dermatite atópica* desde os seis. Esse quadro consiste em irrupções bastante agressivas na pele que se apresentam em qualquer lugar do corpo. Segundo entendo, Milton (esse é seu nome) padece de um fenômeno psicossomático. Entretanto, ir ao meu consultório foi uma condição para que a escola que frequenta renove sua matrícula. Vejamos sua história.

Holófrase

Como Dick, Milton vive em certa realidade indiferenciada. Logicamente, sua posição subjetiva é bem distinta: ele dialoga comigo, sua apresentação é muito mais – digamos – normal, mas seu assunto (ou sujeito) não está estruturado pelo significante. Como se manifesta essa indiferenciação? Todos os seus colegas de escola são uns *idiotas*. Todos. Além disso, e este foi o problema, Milton trata a todos os atores da comunidade escolar como iguais: fala do mesmo modo com o inspetor, com seus professores e com a diretora. Um insulto dirigido a ela desencadeou o problema que culminou na ida ao analista. Milton, ainda por cima, não se cala, defende-se e expõe seus argumentos, buscando sempre ter a última palavra. É como se não houvesse um ponto que pudesse pôr fim às suas cadeias de palavras. Claro que, à primeira vista, parece um moleque muito mal--educado, mas não é assim em absoluto. Ao contrário, é um jovem carinhoso, mas insuportável – inclusive põe à prova a posição do analista na transferência. A história de seu transtorno dermatológico se perde nos mil e um unguentos que puseram em sua pele (chegaram a engarrafar água do mar para lhe dar banho). Seu primeiro impacto na análise, após muito tempo de sempre a mesma coisa, foi quando lhe disse que seu transtorno estava relacionado a seu modo de falar. Aí, pela primeira vez, ele insistiu em defender uma diferença que apresentou em termos de "pele e palavra". Curiosamente, havíamos invertido os papéis: eu havia sido *paciente* até ali e, a partir de então, ele se tornou *analisante*. Considero que essa é a verdadeira apresentação da dupla em jogo na análise.

A partir de então, uma folha de papel para cada um foi nosso modo de continuar as entrevistas. Se eu dizia algo, isso ficava assentado, escrito. Se ele tinha alguma ideia, não duvidava em esboçá-la, de alguma maneira, em sua folha. Apareceu, assim, a ortografia e certa dimensão espacial oferecida pelas linhas de nossos papéis. Essas folhas davam conta da *função do secretário*[34]. A relação de Milton com a linguagem começou a se modificar lentamente. Aos poucos, não tudo era igual. Tínhamos listas de *idiotas*, de interessantes, de tímidos inteligentes... Tínhamos também um organograma de sua escola conforme a melhor maneira de se dirigir a cada um: ao inspetor (com quem se podia dizer palavrões e discutir um pouco), os professores (com os quais não se podia dizer palavrões e somente se discutiam, um pouquinho, as notas) e as autoridades (para as quais não se podia dizer nada e sempre tinham razão). Hoje, pela primeira vez, Milton acaba de convidar uma garota para sair. Ele chegou à sua última sessão com o seguinte problema:

– Convidei a Laís para sair, mas não sei como falar com ela. Não se fala com uma garota como se fala com os meninos, não é? Me ajuda a pensar em como faço para não pôr tudo a perder... é importante porque vou poder usar uma camiseta de manga curta. Essa semana não tenho pereba nos braços.

* * *

Enfiar o simbólico produz limites. Mas convém refletir um pouco sobre esse assunto – assunto clássico que, diversas vezes, foi apresentado como intervenções que apontam a "limitar o gozo".

Holófrase

Os limites são simbólicos por definição. Às vezes, porém, é possível apresentá-los ou fazê-los coincidir com elementos de outros registros. Há rios ou cadeias montanhosas que funcionam como limites naturais entre províncias ou países. Mas basta que um avião caia, por exemplo, na cordilheira dos Andes ou que um navio afunde no rio da Plata para que, no momento de estabelecer diversas questões estratégicas e dividir responsabilidades, saibamos como são realmente as coisas: o limite não é a cordilheira, senão a linha (imaginária) que une os altos cumes (dado simbólico) ou a linha (imaginária) que une os pontos de maior profundidade no rio (dado simbólico). Entende-se que a ideia de "altos cumes" exige um elemento simbólico, uma medida que dê conta da diferença entre os cumes para saber quais são os mais altos e, então, poder fazer passar por ali a linha imaginária que os une (ocorre o mesmo com os pontos de maior profundidade no rio).

A ideia de limite é simbólica, mas é possível introduzi-la com um elemento imaginário ou, inclusive, um tão real quanto uma montanha...

Tales tem oito anos, está cursando a terceira série, e em tratamento comigo devido a certas dificuldades na escola, em função das quais exigiram o atendimento como condição para sua permanência na instituição. Em primeiro lugar, nega-se a realizar as tarefas em sala com o argumento de que um fantasma o imobiliza e não o deixa trabalhar. Está também muito isolado de seus colegas e passa os recreios correndo atrás de pombas no pátio. As aquisições cognitivas conseguidas no dia desaparecem no seguinte. Escreve os números em espelho e tem dificuldades para organizar a série numérica, assim como para contar objetos.

Certa ocasião, chegou ao consultório com uma sacola na qual trazia alguns Legos (peças de encaixe). Propôs-me que construíssemos uns *Transformers* e os fizéssemos lutar. Esparramamos as peças pelo chão e começamos a montá-las. Durante a tarefa, ele ia se apropriando de todas, deixando-me sem praticamente nenhuma. Assinalei isso. Tales não se preocupou muito. Quando me deixou sem nada, disse:

— Bom, fica aí e olha para mim.

Após uns minutos, e para que meu olhar não fosse capturado pelo seu quefazer, anunciei que iria desenhar. Sem nenhuma intenção particular, desenhei a figura de um menino. Quando me perguntou o que eu havia desenhado, disse-lhe que o havia desenhado. Deixou sua tarefa e veio observar meu desenho. Falou que não havia gostado, que esse não era ele, que eu havia desenhado um bicho e... que iria enfiar seu *Transformer* em meu olho! Imediatamente, peguei uma canetinha e apontei para ele, dizendo que meu laser ia me proteger. Tales, visivelmente agitado, mudando a voz e com uma tensão clara no rosto, insistia que iria me matar, que iria enfiar o *Transformer* nos meus olhos e tirá-los fora. Respondi que meu laser o impediria, mas a situação se tornava cada vez mais difícil. Ele estava cada vez mais agitado e irritado, de modo que suas últimas ameaças eram gritos proferidos a escassos centímetros de meus ouvidos...

Então, eu disse:

Holófrase

— Chega, terminamos! Não brinco mais!

Mas ele prosseguiu e sua irritação ia aumentando. Cada palavra minha o irritava mais. Suas ameaças continuavam. Dei-me conta de que ele estava possuído por seu personagem e que a situação não tinha nenhum componente de jogo simbólico. Não respondia ao clássico fenômeno de personificação suportado pela estrutura da metáfora. Não se tratava de um "façamos de conta que...". Apesar de minhas tentativas, nessa situação não havia dois níveis em jogo, como os que pode promover a estrutura significante.

Levantei-me do chão e disse que ia começar a colocar as coisas no lugar porque era tarde. Ele continuou igual, mas agora suas ameaças eram acompanhadas por insultos (cabe esclarecer que durante toda essa sequência nunca chegou a encostar em mim, e tampouco eu nele).

Decidido a pôr um fim na situação e frente à dificuldade para que a palavra introduzisse alguma cunha entre nós, peguei seu casaco e coloquei nele. Sem muita resistência, ele o permitiu. Somente então me perguntou:

— Terminamos? Eu já vou?

Recuperando um pouco o ar, respondi que sim. Fomos ao encontro de seu pai, na sala de espera, e foi como se não houvesse acontecido nada, despedindo-se de mim, como sempre, com um beijo.

Dar-se ao luxo

Uma analisante de nove anos explicava-me, da seguinte maneira, suas dificuldades para se afastar de sua mãe:

— Se mamãe está em Moreno ou Luján, eu não posso ir mais longe que Castelar ou Haedo.[35]
— E o que acontece se você vai mais longe? — Perguntei.
— Você não entende. Não posso ir.
— Mas por quê? — Insisti.
— Porque é como um imã magnético que me traz de volta.
— Nunca na vida escutei que isso acontecesse com algum menino ou menina...
— É algo entre minha mãe e eu. Você não vai conseguir explicar.
— Tem certeza?
— Sim.
— Não acha que poderia se explicar de algum jeito?
— Não.
— E se não fosse assim?
— É assim.

Esse modo de explicação se apoia em uma certeza absoluta e inamovível. Trata-se de algo único e inexplicável que aparece ao sujeito como um fato transparente à sua intuição, como uma evidência que resulta inacessível ao Outro. Isso nos leva a considerar que a porta aberta ao Outro se encontra sempre entre S_1 e S_2, o par significante que divide o sujeito. É a mesma porta por onde se infiltra a dúvida, a vacilação, o *to be or no to be* que costuma atormentar o sujeito dividido. Não é, assim, por acaso, um luxo não duvidar, manter-se incólume na certeza de qualquer ideia? Esse luxo de existir exige que o assunto em questão esteja organizado de outro modo que não com a estrutura significante. Isso a que chamei "luxo" é, na realidade, um modo de gozo não reprimido. Bastaria tencioná-lo entre ao menos dois significantes para que mudasse de estatuto, ou seja, para que sofresse o efeito inevitável de ser atravessado pelos significantes do Outro, tornando-se um luxo ante o qual o sujeito sentir-se-ia impotente ou indigno. Entende-se, talvez um pouco mais agora, o porquê de considerarmos como mais normal, mais adaptada e até mais socializável uma posição sujeita à dúvida. Não é à toa que as modalidades do sujeito que costumam se dar a esse luxo tenham sido definidas por Lacan em certa relação de exclusão a respeito do discurso: seja flutuando entre os discursos ou, diretamente, fora deles. Há inclusive uma referência que propõe, para um sujeito assim, o lugar do mestre na cidade do discurso[36], enquanto, habitualmente, o sujeito humano falante é claramente um servo ou um escravo do discurso, já que fica submetido aos condicionamentos que seus elementos e lugares determinam sobre si.

Outro luxo é a constância

A tensão que o binário significante introduz no sujeito o torna inconstante. E não se trata de uma característica pessoal, como costumam confessar em certas ocasiões nossos analisantes. Tomemos como exemplo duas das atividades que, segundo escutamos, pareceriam ser as mais difíceis de sustentar: frequentar a academia e fazer dieta. Poderíamos propor como hipótese que o problema não está na atividade em si, nem em sua dificuldade (ainda que exista), senão no que introduz o segundo significante da cadeia: a verificação. Se a pessoa em questão frequentou a academia ou manteve a dieta por algum tempo, é provável que, cedo ou tarde, note o benefício ou o resultado de sua conduta. Poderá se pesar ou medir certas partes de seu corpo para observar se algo mudou. Assim, um estado inicial (que podemos nomear S_1) entra em tensão com outro estado (S_2), mediando entre ambos um intervalo (→). Qual S_2 poderia recobrir por completo a um S_1? Ou, para dizer de outro modo, que proporção lograda se pode esperar dessa manobra de medida se o único modo de fazê-la é com significantes?

Um pouco mais acima falei da besteira necessária para viver no laço social. Essa besteira é função do significante e está posta a serviço de certos códigos (alguns deles escritos e outros não) que regulam nossos intercâmbios na sociedade. Sabemos, todavia, que muitas crianças não sujeitas ao significante questionam tais códigos porque ignoram os binários significantes que os estruturam. O íntimo (ou privado) e o público, por exemplo, costumam se confundir. São crianças que exibem seu corpo ou tentam manipular o corpo do outro; que revistam bolsas, gavetas e bolsos; que costumam ir ao banheiro com a porta aberta, entre outros tipos de manifestações similares. Muitas vezes, são imunes ao chamado do Outro e, fundamentalmente, ao diálogo – esse último por estar organizado a partir dos englobamentos crescentes e das imbricações recíprocas do significante: 'eu digo' (S_1) 'você diz' (S_2), e logo ambos significantes ficam subsumidos por um novo S_1, que os sintetiza ('eu digo sobre o que você respondeu ao que eu disse'). Em resumo, são crianças que podem se dar ao luxo de não responder ao chamado ou a alguma pergunta, ignorando seu interlocutor como se não existisse ou como se não houvesse se dirigido a ele. Quando decidem não se dar a esse *luxo* e falam a nós, podem dar-se a outro: não nos ocultar nada nem mentir, apagando essa segunda dimensão do significante que consiste em ficar sob a barra.

Não é preciso se esforçar muito na compreensão de tais fenômenos para descobrir que costumam se converter no pesadelo da situação escolar. Sem dúvida, a sujeição pela holófrase impacta sobre os dois eixos que estão em jogo nesse âmbito: a disciplina e a instrução[37]. A instituição escolar que conhecemos como "escola comum" (significante que tem seu valor pela diferença com o de "escola especial"), planejada a partir da lógica do discurso universitário segundo Lacan, está organizada tanto a partir de seus currículos de estudo quanto de suas normas de convivência, em função da suposição de que todos os seus estudantes estarão estruturados pelo significante.

Assim como descrevi alguns dos luxos que as crianças sujeitas à holófrase podem se dar a respeito daquilo que na escola seria considerado o código de disciplina, essa organização também impacta a lógica da construção das habilidades cognitivas. Um de seus primeiros indicadores – o que, muitas vezes, é sinal de que algo não funciona bem nessa criança – é a rápida perda de aquisições que, supostamente, haviam sido conseguidas. Quem representa a posição escolar nos diz que a criança aprendeu a fazer bem tal ou qual operação (multiplicar, por exemplo) na segunda-feira, mas na terça já não sabia, já havia esquecido completamente. Não se trata precisamente de um esquecimento, senão de um modo de funcionamento holofrástico, que não trabalha com dois lugares de inscrição tal como ocorre na estrutura significante. No caso da estrutura significante, as coisas sucedem da seguinte maneira: em um primeiro tempo, a criança adquire uma habilidade cognitiva qualquer (S). Em um segundo tempo, adquire outra (S'), que se acomoda sobre a anterior. Somente então podemos numerá-las e articulá-las em termos de $S_1 \to S_2$. Nesse caso, verifica-se que, no momento de trabalhar a segunda habilidade, a criança conserva inscrita a primeira, dispõe dela, o que permite supor operando uma estrutura de duas posições.

Não é o caso da holófrase, na qual não há duas posições em funcionamento, mas somente uma e, como o leitor notará, não faz falta em absoluto caracterizá-las como duas que se encontram *coladas*. Nessa situação, a criança consegue uma aquisição (S). Em outro momento, diferenciado no tempo, tentar-se-á transmitir uma nova aquisição que suponha a anterior em funcionamento. Porém, como se trata de uma organização de um só lugar, o menor esforço para tentar compreender a nova aquisição (ainda que seja frustrado) desalojará a anterior, o que escrevemos $X \to S$. O resultado final será, provavelmente, uma confusão generalizada, já que o que havia sido conseguido vacilará ou se perderá completamente, e o que era novo não chegará a se inscrever por falta de lugar simbólico para isso. Impossibilita-se, dessa forma, o englobamento crescente (o que permitiria que cada nova aquisição supusesse uma maior quantidade de componentes na acumulação inscrita previamente, conforme a função de síntese do S_1) e também a lógica da antecipação/retroação significante (que exige duas posições em funcionamento simultâneo).

Como o leitor imaginará, não há conteúdo do currículo escolar que não se baseie nesses procedimentos.

Esse é um dos panoramas com o qual se deparam muitos analistas que, em seu afã de não retroceder ante as crianças, trabalham no dispositivo de inclusão escolar, instalando o corpo e sua palavra a serviço de repor esses modos de funcionamento, encarnando as flechas da antecipação e da retroação, promovendo recursos imaginários para que essas crianças possam reter alguns desses conteúdos e gerando suplências para tornar operativo esse significante da síntese que resulta tão valioso no âmbito escolar.

ANEXO:

Intervenção
(2011)

A resposta besta do psicanalista de crianças: o dispositivo de presença de pais e parentes

Um problema ético

Intervenção na VII Jornada dos Fóruns do Campo Lacaniano da América Latina Sul Buenos Aires, 11 de junho de 2011

EM 1973, LACAN AFIRMAVA QUE "as dimensões da besteira são infinitas, mas não foram suficientemente interrogadas. Creio que, afinal de contas, isso é de grande originalidade... e, então, para funcionar verdadeiramente bem como analista, no limite, é preciso ser mais besta do que comumente se é"[1]. Curioso esse convite... nós, os analistas que não retrocedemos ante as crianças, podemos aprender muito com ele. O que obter dessa besteira [bêtise] com a finalidade de tornar mais efetivo o alívio do sofrimento das crianças?

No princípio estava Freud

Em 1920, quando da redação de seu historial conhecido como o caso da "jovem homossexual", Sigmund Freud fez referência ao que se poderia considerar a situação ideal para receber uma demanda de ajuda – segundo a tradução de Ballesteros. No texto, essa situação ideal é apresentada como "a única" na qual o tratamento analítico pode demonstrar sua eficácia. Freud a caracteriza da seguinte maneira: "(...) a situação ideal para a análise é a circunstância de alguém que, sob outros aspectos, é seu próprio senhor, está no momento sofrendo de um conflito interno, que é incapaz de resolver sozinho; assim leva seu problema ao analista e lhe pede auxílio"[2]. À primeira vista, pode-se notar que essa situação não coincide quase nada com as condições em que as crianças chegam ao analista. O próprio Freud o assinala nesse mesmo texto, mais adiante, e conclui escrevendo que "(...) não é indiferente que alguém venha à psicanálise por sua própria vontade ou seja levado a ela, quando é ele próprio que deseja mudar, ou apenas os seus parentes, que o amam (ou se supõe que o amem)"[3]. Evidentemente, o fato de tal situação ideal não se apresentar no início dos atendimentos, não impedia que Freud aceitasse em análise esses casos (prova disso é, justamente, o caso da jovem homossexual).

Freud retomou essa linha de pensamento mediante uma alusão direta ao problema em pauta na penúltima de suas *Novas Conferências Introdutórias sobre Psicanálise* (1932), a número de 34, intitulada "Explicações, aplicações e orientações". Cito:

> Uma criança é um objeto psicologicamente diferente de um adulto. (...) a transferência (porquanto os pais reais ainda estão em evidência) desempenha um papel diferente. As resistências internas contra as quais lutamos, no caso dos adultos, são na sua maior parte substituídas, nas crianças, pelas dificuldades externas. Se os pais são

aqueles que propriamente se constituem em veículos da resistência, o objetivo da análise – e a análise como tal – muitas vezes corre perigo. Daí se deduz que muitas vezes é necessária determinada dose de *influência analítica* junto aos pais.[4]

Vimos que, anteriormente, Freud já havia prestado atenção aos casos que chegavam ao consultório por meio de um terceiro. Aqui, reaparece essa figura sob a forma dos pais e parentes das crianças-pacientes do psicanalista. Retorna também a imagem do tratamento por encomenda, o qual tende a satisfazer alguma necessidade desse terceiro. É válido acrescentar que esse terceiro pode encarnar as resistências ao tratamento e pôr em perigo o progresso da análise se o desenvolvimento do processo não coincide com sua solicitação inicial. Freud, entretanto, mostra-se otimista, já que sugere que o trabalho com a criança deve se *unir* a um influxo analítico sobre seus pais e parentes. Essa indicação clínica parece um tanto enigmática, pois de que se trata esse influxo analítico que deve se unir à análise *da* criança?

Estamos longe da época em que Freud poderia associar o *influxo analítico* ao magnetismo de Mesmer ou à hipnose de Charcot. Sabemos que a noção de transferência ganhou destaque no problema, permitindo delimitar toda uma série de fenômenos clínicos ligados à presença do analista e à dimensão afetiva que provocava nos pacientes submetidos à análise. É preciso, assim, estabelecer quais modificações na técnica são necessárias para produzir esse influxo sobre os pais e parentes das crianças, evitando que se convertam no suporte das resistências ao tratamento. A ideia poderia ser reformulada alegando que é conveniente produzir algum efeito transferencial nos pais e parentes de nossas crianças em análise, condição freudiana para, em um segundo tempo, introduzir a interpretação. Freud, lamentavelmente, nos abandona aqui, mas deixa uma brecha para continuarmos o trabalho e alcançar uma técnica mais apta ao tratamento do sofrimento das crianças[5].

No retorno a Freud está Lacan

Foi Jacques Lacan quem muito precocemente sustentou que a clínica psicanalítica com crianças exige do analista maior flexibilidade técnica[6]. Ademais, no mesmo texto, destacava que àqueles que desenvolvem essa prática lhes são "solicitadas sem cessar intervenções técnicas e instrumentais"[7]. Pode-se situar aqui o passo seguinte à ideia freudiana de uma adaptação da técnica, já que a sugestão de Lacan resolve bem o problema das condições ideais para receber uma demanda de análise. Longe de supor a necessidade de uma situação ideal para que a análise possa atingir seus objetivos, fica do lado do analista a capacidade de flexibilizar sua posição, seu quefazer e sua técnica, qualquer que seja o modo como o caso se apresente (excelente maneira de resituar a ideia de que as únicas resistências são do analista).

Isso, como certa vez disse Lacan, nos leva a "reinventar análise"[8]. Essa diretriz, retomada em sua intervenção de encerramento das Jornadas de Escola, em 9 de julho de 1978, recai sobre o analista como uma obrigação – obrigação *enfadonha*, afirmou nessa oportunidade.

A resposta besta do psicanalista de crianças

Poderíamos, inclusive, levar mais além essas palavras, propondo que a reinvenção da psicanálise, operada por cada analista em cada caso e até em cada sessão, converte-se em uma obrigação ética de responder perante o real com o qual a clínica o confronta. Um real impossível de apreender, mas ante o qual não deve retroceder. Voltando à nossa particular clínica com crianças, não se deve confundir esse real em jogo – real que poderíamos qualificar de "analítico" – com a dependência genérica ou biológica em que a criança está capturada na figura de seus pais e parentes. A pista que oferece Lacan a respeito é precoce e data de 1950, quando em seu texto, escrito com a colaboração de Michel Cénac, afirmava "que essa dependência possa surgir como significante no indivíduo, num estádio incrivelmente precoce de seu desenvolvimento [ou seja, sendo apenas uma criança], não é um fato diante do qual o psicanalista deva recuar"[9]. Essa dependência significante, que deve ser bem diferenciada da óbvia dependência genérica, é a que pode ser posta em tensão na análise com crianças – eis aqui algo ante o qual o analista não deve retroceder, anunciado muito antes do célebre convite a não retroceder perante a psicose. Desse assunto ou *sujeito*, participam tanto a criança quanto seus pais e parentes. Por mais que cada ator anuncie seus dizeres a partir de uma particular posição subjetiva e com os meios de expressão próprios a seu nível etário (falando, brincando, desenhando), convém – como recomendava Freud – *reunir* esse texto para submetê-lo à análise. Esse texto dará conta do que se encontra sempre no mesmo lugar ou, para dizê-lo modalmente, do impossível: declinações do real introduzidas pelo simbólico, no qual a repetição tem por função a busca do gozo[10]. Certa insistência está no núcleo daquilo que poderia ser considerado o motivo da busca por um analista quando se trata de crianças, ainda que a demanda e a queixa se apresentem terceirizadas por pais e parentes. Esse caráter repetitivo deixa supor uma causa que escapa ao saber organizado pela cadeia significante disponível para os pais e parentes. De acordo com os casos, nesse ponto, manifestam-se impotentes, incapazes ou angustiados, mas também bravos, insatisfeitos ou decepcionados, já que esse filho não coincide (por excesso, por defeito ou por ambas as razões) com aquilo que dele se esperava. Eis aqui um novo matiz para refletir sobre a desproporção estrutural que a linguagem introduz entre os seres falantes. Poderíamos arriscar a hipótese de que um filho, sempre e em todos os casos, é mais, é menos ou é diferente do que se esperava dele. O texto que apresentam os pais e parentes de uma criança levada à análise é rico em evidências dessa desproporção, e o sintoma referido é aquele que melhor a representa.

A besteira do dispositivo

A partir do exposto até aqui, convém deduzir a ideia central desse breve trabalho: a presença de pais e parentes não é um real da clínica psicanalítica, deve, sim, ser produzida, instalada, no âmbito de um dispositivo que o psicanalista inaugura com um ato, o qual consiste em fazer com que os participantes (crianças, pais e parentes) apliquem as diretrizes que constituem a "situação analítica". Como afirma Lacan:

A resposta besta do psicanalista de crianças

Essas diretrizes, numa comunicação inicial, revestem-se da forma de instruções, as quais (...) podemos considerar que, até nas inflexões de seu enunciado, veicularão a doutrina com as quais o analista se constitui, no ponto de consequência que ela atingiu para ele.[11]

Esse dispositivo é tributário da ideia freudiana de *unir* a análise da criança com um influxo analítico sobre seus pais e parentes, no que participa da paixão do laço que define a função da besteira – à qual o analista deve se prestar, mas sem se consagrar a ela.

Enquanto dispositivo, o nosso se compõe de

> um conjunto claramente heterogêneo, que compreende discursos, instituições, instalações arquitetônicas, decisões regulamentares, leis, medidas administrativas, enunciados científicos, proposições filosóficas, morais, filantrópicas. Em suma, os elementos do dispositivo pertencem tanto ao dito quanto ao não dito. O dispositivo é a rede que se pode estabelecer entre esses elementos.[12]

O caráter aberto, dinâmico e estratégico que o dispositivo supõe impede que se ofereça uma receita dele – trata-se mais de um paradigma de gestão do que epistêmico. Não obstante, instalá-lo exige definir para cada caso as coordenadas que podem ser consideradas mais apropriadas no que se refere a cada item de seus componentes, entre os quais se destacam a frequência e o formato das entrevistas com os pais e parentes[13].

O analista que instala o dispositivo de presença de pais e parentes aposta em um modo de laço muito particular. Trata-se daquele que se estabelece através das gerações, sobre o qual Lacan afirmava a relação sexual[14] – profundamente diferenciada do ato incestuoso e muito mais perto da afirmação da obscenidade da *lalangue* escutada/entendida do Outro[15]. Em algumas ocasiões, justamente para instalá-lo, deve recusar a interpretação que atribui ao mais mórbido da criança um valor que o isola da *lalangue* do Outro. Aqui, a paixão do laço se reinstala a partir da "água da linguagem"[16], nome tardio para a continuidade psíquica entre as gerações, defendida por Jacques Lacan desde seu escrito *Os complexos familiares na formação do indivíduo* (1938)[17].

Trata-se de defender o laço entre essas gerações, ainda que sustentando o irredutível dessa transmissão, enquanto o dispositivo está aí para referendá-la, atualizá-la e estabelecê-la – o que constitui uma besteira necessária, ainda que em doses controladas.

Se o imaginário de uma separação do casal parental nos ataca com frequência sob a forma de um "ele (ou ela) não comparecerá às entrevistas", nossa besteira radical nos força a convocá-los do mesmo jeito. Se o ataque é direto e dirigido ao analista, a besteira nos auxilia para não o compreender e ignorá-lo a favor do laço de trabalho e da empreitada que se inicia. Se uma ausência nos deixa sozinhos, voltamos a convocá-los. Porém, não ouvimos as desculpas e os argumentos fúteis porque, qualquer dito que se aventure na realização e suporte do laço efetuado, é valor da função besta. Quando declaramos ao outro que "*tudo* o que possam contar é importante", acaso não fingimos ignorar, pacientemente, que crer nesse "tudo" é uma besteira?

A resposta besta do psicanalista de crianças

Porque "aquilo pelo que todo dispositivo pode se manter nada mais é que a parte necessária de burrice"[18].

Aqui, nosso dispositivo de pais e parentes encontra um motivo a mais para ser abandonado pelos sábios ermitões de sempre, aqueles que, por desilusão, se enganam em nome de uma honra estéril cujo preço é um distanciamento do Outro (seja porque não existe ou – como se diz atualmente – porque é malvado). A burocracia psicanalítica é outro nome da rejeição ao dispositivo, em nome de um lugar no qual somente deve entrar a criança.

Nosso dispositivo parte de uma suposição besta: trata-se de fingir que a dispersão real cessa de existir. A partir disso, convocamos a pais e parentes – ignorando, ao mesmo tempo, o preceito de sangue – para falar do assunto (leia-se "do sujeito") como se o laço se sustentasse, questionando e impugnando qualquer interpretação rápida e simplória da coisa. São recusados nessa instância inclusive os cortes que a existência discreta dos corpos põe em cena: não haverá então uma boca que profira, e sim um inconsciente transindividual mais além das pessoas presentes; não haverá um dentro e um fora, senão uma topologia da transformação contínua.

Em *nosso* dispositivo de presença de pais e parentes na clínica psicanalítica lacaniana com crianças, o analista *brinca* que a linguagem une e comunica, que existe algum discurso que não seja do semblante. Para isso, presta-se à besteira. Advertido, e não consagrado a ela, passa de morto a besta e facilita, desse modo, a extensão da fronteira móvel da conquista psicanalítica, o que, sem dúvida, supõe uma aposta de caráter ético e, de modo algum, um recurso meramente técnico[19].

Notas

Prólogo à edição brasileira

[1] LACAN, J. (1950). *Introdução teórica às funções da psicanálise em criminologia*. In: LACAN, J. *Escritos*. Rio de Janeiro: Jorge Zahar Ed., 1998, p.138.

Prólogo à edição argentina

[1] Na edição brasileira foram usadas as fotos de Víctor "Toty" Cáceres, sendo que a foto de capa sofreu intervenções.

Capítulo 1

[1] V. FREUD, S. (1912). Recomendações aos médicos que exercem a psicanálise. In: *Edição Standard Brasileira das Obras Psicológicas Completas de Sigmund Freud*, Tradução sob a direção de Jayme Salomão. Rio de Janeiro: Imago, 2006, vol. XII, pp.121-133.

[2] *Ibid.*, p.126.

[3] LACAN, J. (1964). *O seminário, livro 11: os quatro conceitos fundamentais da psicanálise*. Versão brasileira de M. D. Magno. Rio de Janeiro: Jorge Zahar Editor, 1988, p.15.

[4] LACAN, J. (1954-1955). *O seminário, livro 2: o eu na teoria de Freud e na técnica da psicanálise*. Versão brasileira de Marie Christine Laznik Penot e Antônio Quinet. Rio de Janeiro: Jorge Zahar Editor, 1985, p.310.

[5] FREUD, S. (1912). Recomendações aos médicos que exercem a psicanálise. In: *Edição Standard Brasileira das Obras Psicológicas Completas de Sigmund Freud*, Tradução sob a direção de Jayme Salomão. Rio de Janeiro: Imago, 2006, vol. XII, p.126.

[6] Realizei algumas pontuações sobre o termo em meu livro "El Otro y el niño", Letra Viva, Buenos Aires, 2011, especialmente nas páginas 63 e 64. Não as retomarei aqui para não cansar o leitor.

[7] FREUD, S. (1912). Recomendações aos médicos que exercem a psicanálise. In: *Edição Standard Brasileira das Obras Psicológicas*

Completas de Sigmund Freud, Tradução sob a direção de Jayme Salomão. Rio de Janeiro: Imago, 2006, vol. XII, p.126. [As aspas são de Freud]

[8] Note-se que o próprio Freud escreveu este significante entre aspas, em um parágrafo que foi apresentado entre aspas.

[9] "Uma criança é um objeto psicologicamente diferente de um adulto. De vez que não possui superego, o método da associação livre não tem muita razão de ser (...)". FREUD, S. (1932) Conferência 34: Explicações, Aplicações e Orientações. In: *Edição Standard Brasileira das Obras Psicológicas Completas de Sigmund Freud*, Tradução sob a direção de Jayme Salomão. Rio de Janeiro: Imago, 2006, vol. XXII, p.146.

[10] LACAN, J. (1936). Para-além do "Princípio de realidade". In: LACAN, J. *Escritos*. Rio de Janeiro: Jorge Zahar Editor, 1998, p.85.

[11] SOLER, C. (1983). A psicanálise frente à demanda escolar. In: *Dixit-Bianuario del Congreso Clínico del Río de la Plata (2011--2012)*, Buenos Aires: Letra Viva, 2012, p.15 [Publicado originalmente em *Ornicar? Revue du Champ freudien*, n° 26/27, Navarin, difussion Seuil, 1983].

[12] *Ibid.*, p.15

[13] O leitor encontrará, em meu livro "El Otro y el niño", um breve estudo que realizei acerca da construção francesa *répondre à*. PEUSNER, P. (2011) *El Otro y el niño*, Buenos Aires: Letra Viva, p.37 e ss.

[14] V. PEUSNER, P. (2008). *El ninõ y el Otro*, Buenos Aires: Letra Viva, especialmente p.50.

[15] FREUD, S. (1914). Recordar, repetir, elaborar. In: *Edição Standard Brasileira das Obras Psicológicas Completas de Sigmund Freud*, Tradução sob a direção de Jayme Salomão. Rio de Janeiro: Imago, 2006, vol. XII, p.170.

[16] A expressão é de Lacan e aparece na aula XVI do seminário *Os quatro conceitos fundamentais da psicanálise*. LACAN, J. (1964) *O seminário, livro 11: os quatro conceitos fundamentais da psicanálise*. Versão brasileira de M. D. Magno. Rio de Janeiro: Jorge Zahar Editor, 1988, p.197.

Notas

[17] LACAN, J. (1976). Apertura de la sessión clínica. In: *Ornicar?* 3, Barcelona: Petrel, p.45.

[18] Poupo aqui ao leitor de tudo que poderia articular com os tempos lógicos que Lacan introduziu precocemente em seu ensino.

[19] A expressão "dar um chocolate" significa, especialmente no futebol, "ganhar de lavada", ganhar por um placar muito dilatado, por grande diferença de pontos.

[20] SILVESTRE, M. (1983). La neurosis según Freud. In: SILVESTRE, M. (1988) *Manãna el psicoanálisis*, Buenos Aires: Manantial, p.156. [tradução nossa]

[21] V. PEUSNER, P. (1999). *El sufrimiento de los niños*. Buenos Aires: JVE, p.44. (Na segunda edição corrigida e ampliada, publicada em 2009 pela editora Letra Viva, ver página 35)

[22] LACAN, J. (1957). A instância da letra no inconsciente ou a razão desde Freud. In: LACAN, J. *Escritos*. Rio de Janeiro: Jorge Zahar Editor, 1998, p.523-524.

[23] *Ibid.*, p.524.

[24] LACAN, J. (1954-1955). *O seminário, livro 2: o eu na teoria de Freud e na técnica da psicanálise*. Versão brasileira de Marie Christine Laznik Penot e Antônio Quinet. Rio de Janeiro: Jorge Zahar Editor, 1985, p.310-311.

[25] LACAN, J. (1960-1961). *O seminário, livro 8: a transferência*. Versão brasileira de Dulce Duque Estrada. Rio de Janeiro: Jorge Zahar Editor, 1992, p.184. [itálico do autor]

[26] "Du terminable dans une cure avec un enfant" (1975) In: *Scilicet* 5, Paris: Seuil, p.136.

Há versão em espanhol em http://elpsicoanalistalector.blogspot.com.ar/2010/10/scilicet-5-1975-acerca-de-lo-terminable.html [tradução nossa]

[27] *Ibid.*, p.136.

[28] *Ibid.*, p.136.

Capítulo 2

[1] LACAN, J.(1958-1959) *O seminário, livro 6: O desejo e sua interpretação*. Associação Psicanalítica de Porto Alegre, 2002, p.157.

[2] BONNAUD, H. *L'inconscient de l'enfant. Du sympthôme ou désir du savoir*. Paris: Navarrin, 2013, p.69-70. [Tradução nossa]

[3] LACAN, J. (1957). A instância da letra no inconsciente ou a razão desde Freud. In: LACAN, J. *Escritos*. Rio de Janeiro: Jorge Zahar Editor, 1998, p.498.

[4] LACAN, J. (1958). A direção do tratamento e os princípios de seu poder. In: LACAN, J. *Escritos*. Rio de Janeiro: Jorge Zahar Editor, 1998, p.601.

[5] Faz alguns anos, quando fazia a resenha de um livro seu, apresentei a Pascal Quignard o seguinte: "Existem autores cuja obra pareceria manter um cauteloso intercâmbio com o *corpus* da psicanálise. Trata-se de escritores cujos textos não abordam a psicanálise explicitamente; somos nós, os leitores, quem supomos entre eles um diálogo ou uma disputa, uma espécie de tensão incômoda. Esse último adjetivo justifica-se porque, com frequência, tais escritores são de nosso agrado, mesmo que não possamos afirmar que subscrevem os postulados de nossa praxis... Ao escrever esse primeiro parágrafo, estou tentado justificar-me para introduzir Pascal Quignard". [PEUSNER, P. *Introducción a El sexo y el espanto*, de Pascal Quignard, in Imago-Agenda 152, Letra Viva, Buenos Aires, agosto de 2011]

[6] QUIGNARD, P. *Los desarzonados. Último Reino* VII. Buenos Aires: El cuenco de plata, 2013, p.105. [tradução nossa]

[7] Em relação à dependência biológica e própria ao gênero humano, Lacan faz um comentário valiosíssimo em seu escrito sobre criminologia. Afirma ali que "o supereu (...) se inscreve na realidade da miséria fisiológica própria dos primeiros meses da vida do homem (...) e exprime a dependência do homem, genérica de fato em relação ao meio humano. Que essa dependência possa surgir como significante no indivíduo, num estádio incrivelmente precoce de seu desenvolvimento, não é um fato diante do qual o psicanalista deva recuar". LACAN, J. (1950) Introdução teórica às funções da psicanálise em criminologia. In: LACAN, J. *Escritos*. Rio de Janeiro: Jorge Zahar Editor, 1998, p.138.

Notas

[8] LACAN, J. (1961-1962). *A Identificação: Seminário 1961-1962*, lição de 28 de março de 1962. Centro de estudos freudianos do Recife, 2003, p.235.

[9] In: LACAN, J. *Outros Escritos*. Rio de Janeiro: Jorge Zahar Editor, 2003, p.29-90.

[10] *Ibid.*, p.43.

[11] *Ibid.*, p.49.

[12] O leitor que não está familiarizado com essa articulação pode revê-la em minha obra *El sufrimiento de los niños*, primeira edição em editorial JVE, Buenos Aires, 1999; e segunda edição corrigida e aumentada em Letra Viva, Buenos Aires, 2009.

[13] V. LACAN, J. (1975). Conferência em Genebra sobre o sintoma. In: *Opção Lacaniana – Revista Brasileira Internacional de Psicanálise*, n° 23, São Paulo: Eólia, dezembro/1998, p.6-16.

[14] V. FREUD, S. (1908). Sobre as teorias sexuais das crianças. In: *Edição Standard Brasileira das Obras Psicológicas Completas de Sigmund Freud*, Tradução sob a direção de Jayme Salomão. Rio de Janeiro: Imago, 2006, vol. IX, p.194.

[15] V. PEUSNER, P. Acerca del matiz objetivo en el sufrimiento de los niños. In: *El sufrimiento de los niños*, Buenos Aires: Letra Viva, segunda edição corrigida e ampliada, 2009, p.71 e ss.

[16] SOLER, C. Anticipaciones del fin. In: *Estudios sobre las psicosis*, Buenos Aires: Manantial, 1989, p.165. (itálicos do autor)

[17] V. FREUD, S. (1932). Conferência 34: Explicações, Aplicações e Orientações . In: *Edição Standard Brasileira das Obras Psicológicas Completas de Sigmund Freud*, Tradução sob a direção de Jayme Salomão. Rio de Janeiro: Imago, 2006, vol. XXII, p.147. [O termo alemão *Beeinflüssung* pode ser traduzido indistintamente por "influxo" ou "influência".]

[18] V. PEUSNER, P. *El Otro y el niño*. Buenos Aires: Letra Viva – formas mínimas, 2011, p.26-27.

[19] JULLIEN, F. (2012). *Cinco conceptos propuestos al psicoanálisis*, Buenos Aires: El cuenco del plata, 2013, p.81.

[20] PEUSNER, P. *El dispositivo de presencia de padres y parientes en la clínica psicoanalítica lacaniana con niños*. Buenos Aires: Letra Viva – textos urgentes, 2010.

[21] JULLIEN, F. (2012). *Cinco conceptos propuestos al psicoanálisis*, Buenos Aires: El cuenco del plata, 2013, p.71.

[22] *Ibid.*, p.71.

[23] *Ibid.*, p.72.

[24] *Ibid.*, p.123.

[25] *Ibid.*, p.123.

[26] O pequeno Hans pensava assim ao descrever sua amiga de brincadeiras "nua e com camisola".

[27] JULLIEN, F. (2012). *Cinco conceptos propuestos al psicoanálisis*, Buenos Aires: El cuenco del plata, 2013, p.123.

[28] SOLER, C. Los discursos pantallas. In: *Estudios Psicoanalíticos 4, Trauma y discurso*. Málaga: Eolia – Miguel Gómez Ediciones, 1998. Especialmente p.143-148.

[29] CLAUSEWITZ, C. V. (1832). *Da Guerra*. São Paulo: Martins Fontes, 1996.

[30] JULLIEN, F. *Conderencia sobre la eficacia*. Buenos Aires: Katz editores, 2006, p.33.

[31] *Ibid.*, p.34.

[32] *Ibid.*, p.44.

[33] *Ibid.*, p.45.

[34] *Ibid.*, p.47.

[35] *Ibid.*, p.126.

[36] Em 26 de fevereiro de 1977, Jacques Lacan deu uma conferência em Bruxelas, intitulada "Palavras sobre a histeria". Publicada originalmente em *Quarto (Supplément belge à La lettre mensuelle de l'École de la cause freudienne)*, 1981, n° 2. [tradução pessoal]

[37] FREUD, S. (1932). Conferência 34: Explicações, Aplicações e Orientações. In: *Edição Standard Brasileira das Obras Psicológicas Completas de Sigmund Freud*, Tradução sob a direção de Jayme Salomão. Rio de Janeiro: Imago, 2006, vol. XXII, p.146.

[38] JULLIEN, F. (2012) *Cinco conceptos propuestos al psicoanálisis*, Buenos Aires: El cuenco del plata, 2013, p.87. [itálico do autor]

[39] *Ibid.*, p.80.

Notas

40 LAO TSÉ. *Tao Te Ching*. Livro Primeiro, #XXXIV.

Capítulo 3

1 JACOB, F. (1970). *A lógica da vida. Uma história da hereditariedade*. Rio de Janeiro: Editora Graal, 1983, p.10.

2 *Ibid.*, p.10.

3 *Ibid.*, p.11.

4 *Ibid.*, p.12.

5 LEVI-STRAUSS, C. (1995). La sexualidad femenina y el origen de la sociedad. In: *Grafías de Eros. História, gênero e identidades sexuais*. Buenos Aires: Edelp, 2000, p.15. [tradução nossa]

6 V. LACAN, J. (1969). Nota sobre a criança. In: LACAN, J. *Outros Escritos*. Rio de Janeiro: Jorge Zahar Editor, 2003, p.370.

7 BENVENISTE, E. (1966). *Problemas de linguística geral I*. Campinas, SP: Pontes Editores, 2005.

8 *Ibid.*, p.60-61.

9 LACAN, J. (1960) Subversão do sujeito e dialética do desejo. In: LACAN, J. *Escritos*. Rio de Janeiro: Jorge Zahar Editor, 1998, p.822.

10 Costumo jogar muitas partidas de truco com meus analisantes--crianças. Cada vez que tenho o ás de espada lhes digo: "Cuidado porque tenho o ás de espadas". E eles respondem: "Não... você não o tem". Quando, finalmente, ganho a mão com essa carta, se surpreendem. Mas, eu não lhes havia dito? Dizendo a verdade, fiz com que acreditassem que não o tinha, algo que só é possível em um mundo organizado pelo significante.

11 LACAN, J. (1969). Nota sobre a criança. In: LACAN, J. *Outros Escritos*. Rio de Janeiro: Jorge Zahar Editor, 2003, p.369.

12 *Le Robert Életronique de la langue française*.

13 Refiro-me à conferência que Lacan pronunciou em Baltimore, em 1966, com o título "*Of Structure as an Immixing of an Otherness Prerequisite to Any Subject Whatever*". Há uma versão em espanhol em *Lacan oral*, Xavier Bóveda edições, Buenos Aires, 1983.

[14] DEBRAY, R. (1997). *Transmitir: o segredo e a força das ideias.* Petrópolis, Rio de Janeiro: Vozes, 2000, p.15.

[15] *Ibid.*, p.15.

[16] *Ibid.*, p.17.

[17] *Ibid.*, p.18-19.

[18] LACAN, J. (1975). Conferência em Genebra sobre o sintoma. In: *Opção Lacaniana – Revista Brasileira Internacional de Psicanálise*, n° 23, São Paulo: Eólia, dezembro/1998, p.6-16.

[19] SOLER, C. (2009). *Lacan, o inconsciente reinventado.* Rio de Janeiro: Cia de Freud, 2012, p.45.

[20] *Ibid.*, p.47. [Mudo a tradução de *parents* por "pais e parentes", já que é mais adequada ao problema que estudamos]

[21] *Ibid.*, p.47.

[22] Convém, neste ponto, fazer breve reflexão acerca de um dito popular: "não há acasos, há causalidades". A ideia é absolutamente anti-psicanalítica, mesmo que ressoe na boca de muitos supostos analistas. Desde os primeiros trabalhos de Freud, a dimensão do acaso está presente para irromper em uma falsa determinação do destino dos sujeitos. Se fôssemos ser estritos, na classificação das causas propostas por Aristóteles e retomada por Lacan, incluí-se a *tiquê*.

[23] Para manter o ritmo do texto, não é minha intenção desenvolver o material clínico correspondente ao caso em questão. Por isso, peço ao leitor que aceite meu diagnóstico.

[24] LACAN, J. (1958-1959). *O seminário, livro 6: o desejo e sua interpretação.* Associação Psicanalítica de Porto Alegre, 2002, p.84.

Capítulo 4

[1] GUIR, J. (1983). *Psicosomática y cáncer.* Catálogos-Paradiso, Buenos Aires, 1983.

[2] *Ibid.*, p.151.

[3] *Ibid.*, p.154.

[4] Há uma versão desse texto no site: http://elpsicoanalistalector.blogspot.com.ar/2010/alexandre--stevens-la-holofrase-entre.html

Notas

[5] Das línguas holofrásticas que ainda estão em uso, a mais próxima a nós, latinoamericanos, é a guarani, usada no Chaco boliviano (língua oficial da Bolívia desde 2009), no noroeste da Argentina (Corrientes, Misiones, Formosa, partes do leste da província do Chaco e em pontos isolados de Entre Ríos) e no Paraguai.

[6] STEVENS, A. (1987). La holofrase, entre psicosis y psicosomática. In: http://elpsicoanalistalector.blogspot.com.ar/2010/alexandre--stevens-la-holofrase-entre.html

[7] Ibid.

[8] Ibid.

[9] Ibid.

[10] LACAN, J. (1953-1954). O seminário, livro 1: os escritos técnicos de Freud. Versão brasileira de Betty Milan. Rio de Janeiro: Jorge Zahar Editor, 1986, p.257.

[11] Ibid., p.257- 258.

[12] STEVENS, A. (1987). La holofrase, entre psicosis y psicosomática. In: http://elpsicoanalistalector.blogspot.com.ar/2010/alexandre--stevens-la-holofrase-entre.html

[13] Ibid.

[14] LACAN, J. (1958-1959). O seminário, livro 6: o desejo e sua interpretação. Associação Psicanalítica de Porto Alegre, 2002, p.84.

[15] LACAN, J. (1964). O seminário, livro 11: os quatro conceitos fundamentais da psicanálise. Versão brasileira de M. D. Magno, Rio de Janeiro: Jorge Zahar Editor, 1998, p.225.

[16] STEVENS, A. (1987). La holofrase, entre psicosis y psicosomática. In: http://elpsicoanalistalector.blogspot.com.ar/2010/alexandre--stevens-la-holofrase-entre.html

[17] MALEVAL, J. C. (2000). La forclusión del Nombre del Padre. El concepto y su clínica. Buenos Aires: Paidós, 2002, p.232-236.

[18] LACAN, J. (1957). A instância da letra no inconsciente ou a razão desde Freud. In: LACAN, J. Escritos. Rio de Janeiro: Jorge Zahar Editor, 1998, p.504.

[19] Entendo esses "luxos" como modalidades não reprimidas do gozo. Retomarei isso mais adiante.

[20] LACAN, J. (1964). *O seminário, livro 11: os quatro conceitos fundamentais da psicanálise*. Versão brasileira de M. D. Magno, Rio de Janeiro: Jorge Zahar Editor, 1998, p.225.

[21] KLEIN, M. A importância da formação de símbolos no desenvolvimento do ego. In: (1921-1945) KLEIN, M. *Amor, culpa e reparação e outros trabalhos*. Rio de Janeiro: Imago Ed., 1996.

[22] LACAN, J. (1953-1954). *O seminário, livro 1: os escritos técnicos de Freud*. Versão brasileira de Betty Milan. Rio de Janeiro: Jorge Zahar Editor, 1986, p.84.

[23] *Ibid.*, p.84.

[24] *Ibid.*, p.85.

[25] *Ibid.*, p.83.

[26] *Ibid.*, p.85.

[27] Vale lembrar que a famosa intervenção dos trens e da estação foi feita no primeiro encontro entre Melanie Klein e o pequeno Dick.

[28] LACAN, J. (1953-1954). *O seminário, livro 1: os escritos técnicos de Freud*. Versão brasileira de Betty Milan. Rio de Janeiro: Jorge Zahar Editor, 1986, p.104.

[29] *Ibid.*, p.104.

[30] LACAN, J. (1979). *Topologia e tempo*, 5/5/79 (inédito). [tradução do autor]

[31] LACAN, J. *"Excursus a la conferência de Milán"*, 4 de fevereiro de 1973 (inédito). [tradução nossa]

[32] V. conferência incluída neste livro.

[33] MILNER, J. C. *Los nombres indistintos*, Buenos Aires: Manatial, 1999, p.131.

[34] A função do secretário deve ser remetida ao papel paradigmático da figura do Secretário da República Florentina, no século XVI, Nicolau Maquiável, e não ao valor que esse termo tem no uso

Notas

atual, que o reduz à mera função de um assistente. Se considerarmos que o Secretário trabalha para um Mestre, é preciso assinalar que o Mestre não se divide (é monolítico). Então, o Secretário cumpre a função de encarnar o S_2, colocando em ato a divisão do assunto (sujeito), favorecendo a articulação das flechas que dão conta das imbricações recíprocas do significante e inscrevendo a função sintética da estrutura significante que habilita os englobamentos crescentes.

35 Moreno, Luján, Castelar e Haedo são cidades da Argentina, localizadas na província de Buenos Aires. A distância entre elas é de, no máximo, 20 quilômetros.

36 LACAN, J. *"El acto psicanalítico, 1967-1968"*, em Reseñas de enseñanza, Manantial, Buenos Aires, 1988, p.53.

37 KANT, I. *Pedagogia* (1803). Ed. Akal, Madrid, 1983, p.31 e ss. Trata-se de uma ideia clássica que ainda hoje em dia conserva todo seu valor e orienta o desenvolvimento do livro do qual Freud pegou emprestada a ideia das "profissões impossíveis".

Anexo: Intervenção (2011)

1 LACAN, J. *Excursus* à conferência de Milão, 4 de fevereiro de 1973. Disponível em http://www.ecole-lacanienne.net/ documents/1973-02-04.doc [tradução nossa]

2 FREUD, S. (1920). A Psicogênese de um caso de homossexualismo numa mulher. In: *Edição Standard Brasileira das Obras Psicológicas Completas de Sigmund Freud*, Tradução sob a direção de Jayme Salomão. Rio de Janeiro: Imago, 2006, vol. XVIII. p.161.

3 *Ibid.*, p.162.

4 FREUD, S. (1932). Conferência 34: Explicações, Aplicações e Orientações. In: *Edição Standard Brasileira das Obras Psicológicas Completas de Sigmund Freud*, Tradução sob a direção de Jayme Salomão. Rio de Janeiro: Imago, 2006, vol. XXII, p.146. [itálico do autor]

5 Apesar de o uso freudiano do termo "influxo" e "influência" estar inicialmente associado aos problemas da hipnose, em seu artigo de 1890 "Tratamento psíquico [Tratamento da alma]", Freud escreveu: "as palavras são, sem dúvida, os principais mediadores da *influência* que um homem pretende exercer sobre os outros; as palavras são bons meios para provocar

alterações anímicas naquele a que se dirigem e, por isso, já não soa enigmático asseverar que o ensalmo da palavra pode eliminar fenômenos patológicos, mais ainda aqueles que têm suas raízes em estados anímicos" (Obras Completas, Amorrortu editores, Vol.1, p.123 – itálico e tradução nossos) Evidentemente, Freud considerava que havia algo mais poderoso do que a hipnose.

[6] V. "Reglamento y dotricna de la comisión de enseñanza" (1949), In: *Escisión, Excomunión, Disolución*, Ed. Manatial, Bs. As., 1987, p.22.

[7] *Ibid.*, p.22

[8] LACAN, J. (1958). A direção do tratamento e os princípios de seu poder. In: LACAN, J. *Escritos*. Rio de Janeiro: Jorge Zahar Editor, 1998, p.598.

[9] LACAN, J. (1950). Introdução teórica às funções da psicanálise em criminologia. In: LACAN, J. *Escritos*. Rio de Janeiro: Jorge Zahar Editor, 1998, p.138.

[10] LACAN, J. (1959-1960). *O seminário, livro 17: o avesso da psicanálise*. Versão brasileira de Ari Roitman. Rio de Janeiro: Jorge Zahar Editor, 1992.

[11] LACAN, J. (1958). A direção do tratamento e os princípios de seu poder. In: LACAN, J. *Escritos*. Rio de Janeiro: Jorge Zahar Editor, 1998, p.592.

[12] FOUCAULT, M. Le jeu de Michel Foucault. In: *Ornicar?* 10, Julho, 1977, p. 62 e *Dits et écrits II*, Gallimard, p.298 [tradução nossa]

[13] Como outro exemplo do funcionamento em rede dos componentes do dispositivo, assinalamos a correlação entre o valor do tempo nas sessões e as condições arquitetônicas do consultório. Um analista que utilize em seu trabalho com crianças a sessão de duração variada deveria produzir uma presença especial dos pais e parentes em sala de espera apropriada. A ausência da sala de espera, além de condicionar a duração da sessão, pode submeter o analista (e, às vezes, em excesso) à pontualidade dos pais e parentes de seu pequeno paciente. Tal situação introduz a pergunta: quem dirige a cura?

[14] V. LACAN, J. (1976). *Le séminaire 24: L'insu que sait de l'Une--bévue s'aile à mourre*, aula de 14 de fevereiro de 1976, inédito.

Notas

[15] SOLER, C. (2009). *Lacan, o inconsciente reinventado*. Rio de Janeiro: Cia de Freud, 2012, p.49.

[16] LACAN, J. (1975). Conferência em Genebra sobre o sintoma. In: *Opção Lacaniana – Revista Brasileira Internacional de Psicanálise*, nº 23, São Paulo: Eólia, dezembro/1998, p.6-16.

[17] LACAN, J. (1938). Os complexos familiares na formação do indivíduo. In: LACAN, J. *Outros Escritos*. Rio de Janeiro: Jorge Zahar Editor, 2003, p.29-90.

[18] MILNER, J. C. (1983). *Os nomes indistintos*. Rio de Janeiro: Companhia de Freud, 2006, p.103.

[19] O argumento desse trabalho foi amplamente desenvolvido em PEUSNER, P. *El Outro y el niño*. Letra Viva, Buenos Aires, 2011.